T0279554

100% SOSTENIBLE
100% RESPONSABLES
100% COMPROMETIDOS

## ASÍ HEMOS HECHO ESTE LIBRO

Salvo casos excepcionales, trabajamos con una empresa papelera que funciona con biocombustibles locales y se abastece de los bosques cercanos, que gestiona de forma estrictamente sostenible. Ha implantado voluntariamente el Reglamento de la Unión Europea de Ecogestión y Ecoauditoría, y WWF la considera una de las fábricas más sostenibles del mundo.

Allí fabrican el papel interior y exterior con el que se ha hecho este libro, con unas emisiones certificadas de 365 kg de $CO_2$ por tonelada de papel: un 50 % menos que la media europea y un 75 % menos que la media española. En otras palabras: uno de los papeles más sostenibles del mercado (además de tener las certificaciones FSC, PEFC, ISO9001, ISO14001 y EU Ecolabel).

Uno de los mayores problemas ecológicos a la hora de fabricar papel (y de hacer libros) es el consumo de agua: la media europea está entre 10 y 15 litros por kilo según la European Enviromental Agency. La fabricación del papel interior y exterior de este libro ha consumido sólo entre 3 y 4 litros.

Queremos eliminar todos los materiales de origen fósil de nuestros libros y de nuestro trabajo. Por eso este libro no está plastificado (si lo estuviera, su tirada habría consumido más de 500 m² de plástico).

El transporte del papel desde la empresa papelera hasta la imprenta se hace, en buena medida, en trenes de larga distancia, e imprimimos a menos de 300 km de nuestra oficina, todo lo cual nos permite reducir notablemente las emisiones contaminantes.

Una vez fabricados los libros, los envíos que dependen de nosotros se realizan mediante una mensajería ecológica: el 100 % de las recogidas y buena parte de las entregas se hacen andando o en bici. Para las entregas que no se pueden hacer sin medios motorizados hemos elegido a la mensajería con el plan de reducción de emisiones más ambicioso para 2025.

Toda la energía utilizada para editar este libro es 100 % energía verde renovable y certificada. Además proviene de una cooperativa de la que nuestra editorial es miembro, de modo que consumimos la energía que previamente producimos en instalaciones solares, eólicas o de biomasa.

Todos los recursos económicos utilizados para editar este libro estaban depositados en la banca ética, y allí llegarán también los beneficios (¡esperemos que los haya!). De este modo garantizamos que este dinero sólo revertirá sobre proyectos sostenibles, con un interés social, cultural y medioambiental, sin inversiones en la economía de las energías fósiles.

Si quieres más información sobre estas cuestiones puedes leer el apartado «Compromisos» de nuestra página web o escribirnos a info@erratanaturae.com.

# EL GRAN INVIERNO

## HENRY DAVID THOREAU

TRADUCCIÓN DE SILVIA MORENO PARRADO

errata naturae

PRIMERA EDICIÓN: noviembre de 2021

© de la traducción, Silvia Moreno Parrado, 2021
© Errata naturae editores, 2021
C/ Sebastián Elcano 32, oficina 25
28012 Madrid
info@erratanaturae.com
www.erratanaturae.com

ISBN: 978-84-17800-40-6
DEPÓSITO LEGAL: M-27881-2021
CÓDIGO IBIC: DN
IMAGEN DE PORTADA: Angela Harding
MAQUETACIÓN: A. S.
IMPRESIÓN: Kadmos
IMPRESO EN ESPAÑA – PRINTED IN SPAIN

# ÍNDICE

# DICIEMBRE

## 21 DE DICIEMBRE DE 1851

Los problemas que tengo con mis amigos son tales que no hay franqueza que los resuelva. No hay precepto en el Nuevo Testamento que pueda ayudarme. Otros pueden confesarse y dar explicaciones; yo, no. No se debe a un exceso de orgullo por mi parte: lo que se precisa no son explicaciones. La amistad es la alegría y fortuna indescriptibles que se producen en dos o más individuos que, por su temperamento, simpatizan. A tales naturalezas no puede atribuírseles error alguno, sino que se conocerán una a otra contra viento y marea. Entre dos que son similares por naturaleza y están hechos para congeniar no hay velo alguno, y no habrá ningún obstáculo. ¿Quiénes son los que se distancian? Dos amigos que se dan explicaciones.

A veces siento que podría decirles a mis amigos: «Amigos míos, soy consciente de que os he enfurecido, de que he preferido en apariencia el odio al amor, tratado en apariencia a otros con bondad y a vosotros sin ella, ocultado diligentemente mi amor y, antes o después, expresado mi rencor más absoluto». Imagino que podría pronunciar algo así, en algún momento que no va a darse nunca, pero, al mismo tiempo, dejadme decir con igual franqueza que creo que lo diría sin apenas arrepentimiento, que tengo la terrible necesidad de ser como soy. Si se conociera la verdad, y yo no la conozco, no albergaría preocupaciones con respecto a esos amigos a quienes malinterpreto o que me malinterpretan a mí. Sólo es malvado el destino por mantenernos alejados; mi amigo, en cambio, siempre es bondadoso. Mi naturaleza es la de la piedra. Hace falta el sol del verano para calentarla. Mis conocidos insinúan, en ocasiones, que soy demasiado frío, pero cada cosa tiene el calor que por su propia naturaleza necesita. ¿La roca es demasiado fría porque absorbe el calor del sol estival y no se desprende de él por la noche? Los cristales, aun siendo de hielo, no son tan fríos que no puedan llegar a derretirse; fue de hecho por derretimiento como se formaron. ¡El frío! Soy muy consciente del calor en los días invernales. No recibiréis de mí el calor del fuego; todo es cálido o frío de acuerdo con su naturaleza. No es que yo sea demasiado frío, sino que nuestro calor y frialdad no son de la misma naturaleza. Por ello, cuando yo soy cálido en extremo, puedo pareceros de lo más frío. El cristal no se queja del cristal más que la paloma de su compañero.

A vosotros, que os quejáis de que soy frío, también os parece que la naturaleza es fría. Para mí, sin embargo, es cálida. Mi calor hacia vosotros está latente. El fuego mismo es frío para todo aquello en cuya naturaleza no esté que el fuego lo caliente. El que yo sea frío significa que mi naturaleza es otra.

¡Con qué rapidez parece girar la Tierra al atardecer, cuando a mediodía es como si descansara sobre su eje!

## 21 DE DICIEMBRE DE 1853

Nos sentimos tentados de decir de estos días que son los mejores del año. Pensemos en la laguna de Fair Haven, por ejemplo, una llanura de nieve totalmente lisa, no hollada aún por los pescadores, rodeada de colinas nevadas, oscuros bosques perennes y hojas rojizas de roble, pura y silenciosa. Los últimos rayos de sol, al caer sobre la granja de Baker, reflejan un color rosa cristalino. Veo las plumas de una perdiz esparcidas sobre la nieve en un largo trecho, obra de algún halcón, quizá, pues no hay huella alguna.

¡Qué servil apetito de bromas y diversión sin fruto tienen nuestros compatriotas! Junto a una buena cena, como mínimo, les encanta un buen chiste, que se les hagan cosquillas en los costados, reírse afablemente, igual que en Oriente se bañan y aplican champú. Los directores de los liceos me escriben: «Estimado señor: he sabido que tiene usted una conferencia con cierto tono humorístico. ¿Nos haría el favor de leerla ante el Instituto Bungtown?».

13

Si en apariencia soy tan frío comparado con el calor de mi compañero, quién sabe si el mío es un resplandor menos efímero, un calor más constante y estable, como el de la tierra en primavera, que es cuando brotan y crecen las flores. No deseo oír ni pronunciar palabras, sino tener relaciones, y, a mi parecer, ocurre con más frecuencia que yo me marche sin que se me reciba, reconozca ni salude en la relación que ofrezco que a vosotros os decepcionen las palabras.

He descubierto en la forma, en la expresión del rostro de un niño de tres años, la probada magnanimidad y grave nobleza de antiguos valerosos ya difuntos. Esta mañana me he cruzado con un niñito irlandés, que llegaba a la escuela por la lóbrega vía férrea desde la remota choza del bosque y daba el último paso desde el último ventisquero hasta el umbral de la escuela, aún trastabillando. No vi su rostro ni su perfil, sólo sus maneras; imaginé, y vi claramente en la imaginación, su rostro viejo e intrépido tras la sobria visera de su gorro. ¡Ay! Ese niñito irlandés, no sé por qué, revive en mi mente a los audaces de la Antigüedad. No lo traen, nunca lo han traído, en una carreta de sauce. Avanza con sus propios y valientes pasos. ¿Acaso el mundo no espera una generación así? Aquí condesciende a su abecedario sin una sonrisa; él, que guarda en su cerebro el saber popular de mundos incontables. No habla de las aventuras de la calzada. ¡Qué es el valor de Leónidas y sus trescientos muchachos en el paso de las Termópilas al lado del de este niño! Ellos sólo se atrevieron a morir, él se atreve a vivir y a aceptar las estampitas que, quizá, le dan como premio (sin que su semblante se relaje en una sonrisa), y que pasan por alto sus méritos, invisibles e inapreciables. El pequeño Johnny Riorden, que se enfrenta al frío y lo derrota como si fuera un ejército persa. Mientras los caritativos se pasean envueltos en pieles, él, vivaracho como un grillo, los adelanta de camino a la escuela.

## 22 DE DICIEMBRE DE 1852

Ando midiendo la granja de Hunt. Una pastura enrevesada, rocosa, salvaje, semejante a un páramo, esta de Hunt, con dos o tres enormes robles blancos que protegen del sol al ganado, por cada uno de los cuales el granjero no aceptó cincuenta dólares, aunque el constructor de barcos los ofrecía.

Es agradable, al acortar camino por una ciénaga, ver el color de los distintos bosques, el cornejo amarillento, los verdes prinoides y, en las tierras altas, los espléndidos agracejos amarillos. Es imposible salir tan temprano y no encontrar el rastro de alguna criatura salvaje.

Cuando regresaba a casa, justo después de que el sol se hubiera hundido bajo el horizonte, vi desde las tierras de N. Barrett una hoguera que habían hecho unos chicos sobre el hielo, cerca del puente Red, que parecía el brillante reflejo de la puesta de sol en el agua, bajo el puente, tan cristalina, tan poco vistosa en esta tarde de invierno.

## 22 DE DICIEMBRE DE 1858

Camino hacia Walden. Veo en el Cut, cerca de donde está la cabaña, una buena bandada de *Fringilla hyemalis* y de jilgueros, juntos, por la nieve, la maleza y el suelo. Oigo el trino agudo y acuoso, ya conocido, de los últimos, y el *chil chil*, más seco, de los primeros. Estos pájaros, de un amarillo ardiente, con un poco de blanco y negro en los costados del manto, parecen estar bien protegidos del frío sobre la nieve. Puede que haya treinta jilgueros, muy briosos y a un tiempo dóciles. Están colgados, con la cabeza hacia abajo, de la maleza. En estos días los oigo acercarse al huerto de Melvin en busca de semillas de girasol.

## 22 DE DICIEMBRE DE 1859

Otro precioso día de invierno.

POR LA TARDE. Camino hacia la laguna de Flint. Hago una pausa y me quedo contemplando el arroyo Mill desde el puente Turnpike. Veo una buena cantidad de berros allí, en el fondo, a lo largo de una o dos varas[1], lo único

---

[1] En los textos de Thoreau, no ha de confundirse esta vara (que equivale a 5,03 metros) con la española, muchísimo más pequeña. (Salvo que se indique lo contrario, todas las notas son de la traductora).

16

verde que se distingue. ¿No es ésta la planta que conserva más, o de forma más notable, su verdor en invierno? Está tan verde como siempre y se agita en el agua igual que en verano.

Qué bien ajustada está la naturaleza. La más mínima alteración de su equilibrio se delata y corrige a sí misma. Al bajar la mirada hacia la superficie del riachuelo, me sorprendió ver una hoja flotando, o eso me pareció, corriente arriba, pero estaba confundido. El movimiento de una partícula de polvo en la superficie de cualquier riachuelo indica en qué sentido se inclina la tierra hacia el mar, en qué sentido se extiende el curso en constante descenso, y el único.

En los castañares cercanos a la laguna de Flint veo dónde han reunido las ardillas los pequeños zurrones de castañas que quedan en los árboles. Los han abierto, por lo general, en la base de los troncos, sobre la nieve. Se trata, creo, de zurrones pequeños e imperfectos, que no llegan a abrirse en otoño y son despreciados en esa época, pero, al colgar del árbol, tienen este uso, al menos, como alimento invernal de las ardillas.

El pescador está erguido en silencio sobre el hielo, esperando mi llegada, y, como es habitual, se apresura a decir que no ha tenido suerte. Lleva aquí desde primera hora de la mañana y, por uno u otro motivo, carece de fortuna; los peces no pican, no tendrá prisa en volver a este sitio. Todos cuentan la misma historia. Lo que viene a decir es que ha tenido «la suerte del pescador» y, si vais por ese camino, tal vez lo encontréis mañana en su viejo puesto. Es difícil, está claro; cuatro pececillos que repartir entre tres hombres y dos millas[2] y media de caminata; y sólo habréis conseguido un apetito aún más voraz por la cena que no os habéis ganado. Sin embargo, el lecho de la laguna no es un mal sitio en el que pasar un día de invierno.

23 DE DICIEMBRE DE 1837

Hoy he cruzado el río sobre el hielo. Aunque hace un desapacible día invernal y el suelo está cubierto de nieve, he visto un petirrojo solitario.

Al lado del ribazo, junto al abeto tsuga inclinado, había unas cristalizaciones curiosas. Allí donde el agua u otra fuerza había formado un hoyo en la orilla, su garganta y borde exterior, como la entrada a una ciudadela de los tiempos antiguos, estaban erizados con una brillante armadura de hielo. En un lugar, se veían diminutas plumas, que parecían los penachos ondulantes de los guerreros adentrándose en fila en la fortaleza; en otro, los centelleantes estandartes en forma de abanico de las huestes liliputienses; en otro, las partículas en forma de alfileres, agrupadas en haces que recordaban a agujas de pino, podrían pasar por una falange de lanceros. Toda la colina era como una inmensa roca de cuarzo con cristales diminutos que destellaban desde un sinfín de rendijas.

---

[2] Una milla equivale aproximadamente a 1,6 kilómetros.

El alma del mejor de los hombres se convierte en un terrible espectro que ronda su tumba. El fantasma de un sacerdote no es mejor que el de un salteador de caminos. Complace enterarse de que uno que ha bendecido regiones enteras con su muerte, tras haberlas frecuentado mientras estaba vivo, no ha profanado ni proscrito un lugar al ser enterrado en él. Añade no poco a la fama de Little John[3] el que su tumba fuera, durante largo tiempo, «célebre por producir excelentes piedras de afilar».

En todas las mitologías, los bosques son lugares sagrados, como los robles entre los druidas y el bosquecillo de Egeria, e, incluso, en la vida más familiar y común, como el bosque de Barnsdale y Sherwood[4]. Si Robin Hood no hubiera tenido ningún Sherwood del que echar mano, sería difícil adornar su historia con los encantos que tiene el lugar. Siempre es el relato que no se cuenta, las hazañas que se llevan a cabo y la vida que se vive en el paisaje inexplorado del bosque lo que nos cautiva y nos vuelve niños de nuevo, para que leamos sus baladas y oigamos fascinados hablar de la floresta.

---

[3] Legendario forajido compañero de Robin Hood.
[4] Lugares ambos vinculados a la leyenda de Robin Hood.

## 23 DE DICIEMBRE DE 1851

Me gustaría llevar un registro de los momentos apacibles y maduros. No guardaría la cáscara de la vida, sino su fruto. Cuando la copa de la vida esté llena y desbordándose, conservad unas cuantas gotas como muestra, también cuando el intelecto ilumine el corazón y el corazón caliente el intelecto. A veces, cuando estamos despiertos y enfrascados en nuestros asuntos, se adueñan de nuestra cabeza unos pensamientos que son el equivalente exacto de los malos sueños que en ocasiones tenemos de noche, y yo creo que el intelecto está igualmente inerte en ambos casos. Con mucha frecuencia, sin duda, los pensamientos que tienen los hombres son la consecuencia de algo que han comido o hecho. El ánimo o el humor que tenemos al despertar proviene de nuestros sueños, pero, cuando estamos serenos y despiertos del todo y nuestros sentidos funcionan bien, tenemos visiones memorables. ¿Quién, al coger un libro, espera un relato de intestinos atascados o sangre impura?

## 23 DE DICIEMBRE DE 1855

POR LA TARDE. Camino hacia la linde de Conantum. Un día muy soleado y agradable con un viento extraordinariamente suave, aparentemente del noroeste. Ha aparecido tanta escarcha tras la lluvia de ayer que evito los campos de labor, ahora enfangados, y me quedo en las partes verdes, centelleantes por la humedad.

Admiro esas viejas cercas de raíces que casi han desaparecido de los campos bien ordenados, raíces de pino estrobo que se arrancaron cuando el prado contiguo era una ciénaga, monumentos de muchas revoluciones. Estas raíces no penetraban en la tierra, sino que se extendían sobre la superficie, y, tras cortarlas a cuatro o cinco pies[5] del tocón, se acarreaban y colocaban de pie para formar una cerca. Las raíces no estaban simplemente entrelazadas, sino que habían crecido hasta formar sólidos armazones, llenos de resquicios, como ventanas góticas de diversos tamaños y todas las formas, triangulares, ovaladas y como arpas, y las partes más delgadas están secas y resuenan como las cuerdas de ese mismo instrumento. Son irregulares e inabordables, con un centenar de salientes y protuberancias que desconciertan y se resisten al cálculo del caminante que intente superarlas. La parte de los árboles que hay por encima de la tierra no presenta esas formas tan fantásticas. Aquí hay una que mide siete pasos o más de una vara de longitud, casi seis pies de altura en el centro y, sin embargo, sólo un pie de grosor, y dos hombres podrían darle la vuelta. En este caso, las raíces tenían seis o nueve pulgadas[6] de grosor en el extremo. Las raíces de los pinos en las ciénagas crecen, así, en forma de armazones sólidos o raquetas, y las de los distintos árboles se entrelazan de tal

---

[5] Un pie equivale aproximadamente a 0,3 metros.
[6] Una pulgada equivale aproximadamente a 2,5 centímetros.

manera que se elevan sobre un pie muy amplio, y se alzan o caen juntas hasta cierto punto ante las sacudidas, igual que las manadas presentan un frente compacto cuando reciben los ataques de las bestias de presa. De este modo, sólo hay que cavar un poco en la ciénaga para encontrar cercas, postes, barras y listones ya sólidamente entretejidos, y de un material más duradero que cualquier madera. Qué agradable es pensar en un campo cercado con las raíces de los árboles arrancados al despejar esa misma tierra hace un siglo. Aunque siento aflicción por ellas en tanto que recuerdos del bosque primitivo. La parte superior de esos mismos árboles, convertida en materia prima para hacer cercados, se habría descompuesto hace ya generaciones. Estas raíces son singularmente resistentes a los efectos de la humedad.

Pensemos igualmente en la vida de un minino, en la de mi gatita, por ejemplo. Anoche tenía los ojos como si hubiera perdido el conocimiento; no parecía que fuera a salir nunca de él, así que acabó en una cesta y confiada al poder curativo de la naturaleza; esta mañana estaba trepando por el poste de la ropa y levantando el lomo, juguetona, ante cualquiera que pasara.


23 DE DICIEMBRE DE 1860

A mediados de este mes ya había alondras cerca de casa.

## 24 DE DICIEMBRE DE 1840

El mismo sol no ha brillado aún sobre mi amigo y sobre mí. Él apenas tendría que mirarme para reconocerme, le serviría con titilar levemente con el ojo medio cerrado, como una cerilla lejana y amable cuando haya caído la noche sobre nosotros. No le hablo a ningún intelecto de la naturaleza, sino que presumo un corazón infinito en algún lugar en el que juego.

## 24 DE DICIEMBRE DE 1841

Quiero marcharme pronto y retirarme a vivir junto a la laguna, donde sólo oiré el viento suspirar entre los juncos. Será un logro si consigo dejarme atrás a mí mismo. ¡Pero mis amigos preguntan qué haré cuando llegue allí! ¿No será ocupación suficiente contemplar el avance de las estaciones?

## 24 DE DICIEMBRE DE 1850

He visto un alcaudón picoteando a otro pajarillo, al parecer un escribano nival, hasta despedazarlo. Al cabo de un rato, lo tomó en el pico, casi la mitad de grande que él mismo, y echó lentamente a volar con la presa colgando. Me he dado cuenta de que no tenía asociadas esas acciones a mi concepto de ave. No me parecía propio de las aves.

Estos días nunca hace tanto frío como para que no haya hielo fundiéndose en algún sitio. Nuestro albañil ha señalado, y con razón, que alguna vez había visto fundirse y formarse hielo al mismo tiempo en un lado concreto de una casa: mientras se fundía en el tejado, estaban formándose carámbanos bajo los aleros. Cuando se crean carámbanos, siempre hay hielo fundiéndose y formándose a la vez.

Nuestros pensamientos están con aquellos de entre los muertos hacia cuya esfera estamos creciendo, o que ahora crecen hacia la nuestra. A los demás los olvidamos inevitablemente, aunque sean hermanos y hermanas. Así, los difuntos pueden estar más cerca de nosotros que cuando estaban presentes. Con la muerte, nuestros amigos y familiares se acercan más a nosotros y los descubrimos, o bien se alejan y los olvidamos. La muerte acerca y separa a los amigos con la misma frecuencia.

### 24 DE DICIEMBRE DE 1853

Walden vuelve a estar abierta casi por completo, así que he ido a patinar a la laguna de Flint, lisa en su mayor parte, pero con algunos puntos irregulares donde la lluvia no había derretido la nieve. Desde la colina de más allá hay unas vistas árticas del noroeste. Las montañas son de un frío color pizarra. Es como si limitaran el continente hacia el estrecho de Bering.

En el terreno de Weston, en una tierra mullida al borde de una ciénaga, he contado treinta y tres o treinta y cuatro grandes capullos de color marrón plateado en un trecho de una o dos varas, y probablemente haya muchos más; estaban a una altura de un pie del suelo, por lo general sobre el tallo principal, aunque también a veces sobre una rama cercana al tallo, del aliso, de la *Comptonia peregrina*, de los *Pteris*, etc. Los más grandes miden cuatro pulgadas de largo por dos y media de ancho, tienen forma de bolsa y están arrugados, y quedan en parte ocultos por hojas secas, alisos, helechos, etc. y sujetos a ellos, como si los hubieran esparcido. Esta muestra de ingenio en una criatura tan humilde es conmovedora, si bien no estoy dispuesto a atribuírsela a una inteligencia que la criatura no comparte, como sí nos ocurre a nosotros: la prerrogativa de la razón, ¡esta radiación del cerebro! Sin ese ingenio el capullo plateado y desnudo sería demasiado visible. Es evidente que el gusano se dijo: «El hombre o alguna otra criatura podría venir y ver mi cofre. Voy a disimularlo, a colgar una pantalla por delante». No sólo es que tenga hojas de *Pteris*, de *Comptonia peregrina* y de aliso esparcidas profusamente sobre el capullo y colgando, sino que a menudo están pegadas, por así decirlo, y casi incorporadas a él.

24 DE DICIEMBRE DE 1854

Entre anoche y esta mañana han caído unas tres pulgadas de nieve seguidas por una fina lluvia, lo que ha creado una ligera capa de escarcha, la primera del invierno. Esto confiere al bosque un aspecto envejecido, y aumenta la quietud, al inmovilizar las hojas incluso ante un viento considerable.

## 24 DE DICIEMBRE DE 1856

He visto, en el extremo oriental de la parte más occidental de la laguna de Andromeda, las delgadas espigas de *Lycopus* con cinco o seis pequeños verticilos esféricos, color marrón oscuro, con semillas de fuerte fragancia o picantes, parecidas a la nuez moscada o incluso a las del ácoro aromático al machacarlas. No creo que ahora mismo haya ninguna otra semilla de aire mentolado que resulte igual de fragante. Te perfuma deliciosamente el pañuelo o la faltriquera cuando esparces sobre ellos las espirales desmenuzadas. Ha sido muy agradable caminar así antes de que terminara la tormenta, bajo esta luz tenue y suave. Nuestra domesticación en relación con la naturaleza es mayor cuando nuestra visión se reduce a objetos cercanos y familiares. No he visto ninguna huella de animal hasta que iba ya de regreso, cerca del prado de Well Meadow, donde muchos zorros, uno de los cuales alcancé a atisbar, habían estado moviéndose de aquí para allá, en el sendero y sus cercanías, a lo largo de tres cuartos de milla. Habían hecho un buen camino.

No tomo rapé. Durante mis paseos invernales, me inclino y machaco entre el pulgar y el índice las espirales secas de *Lycopus* o de marrubio, que apenas asoman de la nieve, las arranco y las huelo. Eso es lo más cerca que estoy de las islas Molucas.

Mido el arbusto de arándanos que hay en la isla de la laguna de Flint. Sus cinco tallos se unen en el suelo y forman así un tronco redondo y macizo de treinta y una pulgadas de circunferencia, pero, probablemente, han crecido allí juntos, pues se separan unas seis pulgadas más arriba. Quizá hayan brotado a partir de distintas semillas de una sola baya. A tres pies del suelo, miden once, once, once y media, ocho y seis y media, o, por término medio, nueve pulgadas y media. He subido y encontrado un asiento cómodo, con los pies a cuatro dedos del suelo. Había sitio para tres o cuatro más, pero, por desgracia, no es temporada de bayas. En las proximidades había varias matas más de gran tamaño. Una mata, cerca de la anterior, contenía veintitrés tallos dentro de un diámetro de tres pies, y su diámetro medio a tres pies del suelo era de unas dos pulgadas. No se han talado porque crecen en este islote, que tiene poca madera, y por eso se han hecho tan grandes.

Los tallos se elevan describiendo formas serpenteantes y en zigzag; alguno, a veces, reposa en las horquetas de su vecino. A juzgar por aquellos cuyos anillos he contado, el tallo más grande ha de tener unos sesenta años.

## 25 DE DICIEMBRE DE 1840

En este día de Navidad pienso que el carácter de Washington, a fin de cuentas, se ha subestimado, pues no se ha valorado correctamente. Era un buen héroe puritano. Son su rectitud y persistencia lo que me atraen. Unos cuantos hechos sencillos con un silencio solemne como fondo, y eso es todo. Nunca fluctuó, ni se detuvo, ni se agachó, ni cambió de dirección, sino que guardó noble silencio y se mostró seguro. No era el predilecto del pueblo, como no puede serlo ningún hombre íntegro, pero era tan respetado como querido. En estos días tan poco heroicos, resulta grato leer las instrucciones a su mayordomo, su negativa a una corona, su entrevista con sus oficiales al terminar la guerra, sus ideas tras retirarse, tal como se las expresó a La Fayette, sus observaciones por carta a otro amigo cuando fue elegido presidente, sus últimas palabras al Congreso y el respeto sin parangón que sus contemporáneos más distinguidos, como Fox y Erskine, manifestaron hacia él. Su comportamiento en el campo de batalla y en política, así como su retirada digna y satisfecha a la vida privada, fueron magníficos. Podía avanzar y podía retirarse.

## 25 DE DICIEMBRE DE 1841

Parece como si la naturaleza hubiera ignorado apaciblemente y durante mucho tiempo la profanidad del hombre.

La madera aún repite con dulzura los golpes del hacha, y cuando los golpes son pocos e infrecuentes, añaden un encanto nuevo a un simple paseo. Todos los elementos se esfuerzan por *naturalizar* el sonido.

No es una verdadera disculpa ante la tosquedad decir que ésta es natural. Los sombríos bosques pueden permitirse ser muy delicados y perfectos en los detalles.

Quiero dejar de sentir que mi vida es una estancia temporal. La filosofía que así la pinta no puede ser cierta. Ya es hora de que empiece a vivir.


25 DE DICIEMBRE DE 1851

Me pongo en marcha para ver la puesta del sol. Quién sabe cómo se pondrá, ni siquiera con media hora de antelación. Si descenderá entre nubes o con un cielo despejado. Presencio la belleza en la forma o el color de las nubes que se dirigen a mi imaginación. Lo que sugiere y lo que simboliza es lo que me importa, y si, por algún truco de la ciencia, la despojáis de esto, no me hacéis ningún favor ni estáis explicando nada. A veinte millas de distancia, veo una nube carmesí en el horizonte. Me decís que es una masa de vapor que absorbe todos los demás rayos y refleja el rojo, pero eso no contribuye en nada al objetivo, pues esta visión del rojo me estimula, agita mi sangre, hace fluir mis pensamientos. Tengo ideas nuevas e indescriptibles y no habéis rozado el secreto de esa influencia. Si no hay algo místico en vuestra explicación, ésta resulta de todo punto insuficiente. ¿Qué clase de ciencia es esa que enriquece el entendimiento pero le roba a la imaginación? No sólo desnuda a un santo para vestir a otro, sino que le quita al primero más de lo que le da al segundo. Es, sin más, la manera en que habla al entendimiento, pero no la forma en que habla a la imaginación. Igual de inadecuada para un simple mecánico sería la descripción de un motor de vapor hecha por un poeta. Si sólo conociéramos las cosas así, en su vertiente mecánica, ¿conoceríamos algo de verdad? Sería un auténtico castigo para el escritor tomar la última película de pensamiento que flota en el cielo crepuscular de su mente como tema, del que apenas tiene una idea (sería como enseñar a sus ideas a brotar), elaborar una conferencia sobre ello, y por asiduidad y atención conseguir, acaso, dos opiniones, aumentar un poco el acervo de conocimientos y despejar un campo nuevo en lugar de abonar el viejo. Nos apresuramos a intentar aliar las percepciones de la mente con la experiencia de la mano, a demostrar que nuestras sutiles verdades son prácticas, y a enseñar su conexión con la vida cotidiana (mejor aún: a enseñar su distancia con respecto a la vida cotidiana), relacionándolas con el molino para sidra y la institución bancaria. Esa forma de ver las cosas que conocéis es en la que, sin embargo, menos insistís, la que menos recordáis… Adoptad esa perspectiva, acatadla, perseverad en ella, ved todas las cosas desde ese punto de vista. ¿Dejaréis que esos indicios se marchen sin prestarles atención y os quedaréis mirando el timbre o la aldaba de la puerta? No habléis por otros hombres, pensad por vosotros mismos. Se os muestran, como en una visión, los reinos de este mundo y de todos los mundos, pero preferís asomaros a un teatrillo de marionetas. No obstante, únicamente deberíais hablar con una mente gemela en todo momento, y no con alguien en concreto, tan sólo manifestar en voz alta que podéis comprender y vivir de la forma más plena la idea que contiene la razón de vuestra existencia, que podéis desarrollaros hasta la altura de vuestras ideas, que podéis recordar a vuestro creador en vuestros días de juventud y justificar sus modos para con el hombre, que sabéis que el fin de la vida puede no ser su distracción.

## 25 DE DICIEMBRE DE 1853

POR LA TARDE. He ido patinando hasta Fair Haven y más arriba. Sobre las cuatro, el sol se hundió tras una nube y la laguna empezó a ulular o a retumbar. Observé lo mismo ayer, a la misma hora, en la laguna de Flint. Inmediatamente antes, el silencio era absoluto. En ambos casos, hacía un día despejado, frío y ventoso. Es una especie de eructo y, como dijo C., recuerda a una rana. Sospecho que no siguió ululando durante mucho tiempo ninguna de las dos noches. Es un fenómeno muy agradable, tan dependiente de la actitud del sol.

Cuando voy a Boston, atravieso de forma natural la ciudad hasta el final de Long Wharf y miro a lo lejos, pues no tengo parientes en los callejones. El agua y los barcos me resultan novedosos e interesantes. Qué son nuestras ciudades marítimas sino los negocios y las viviendas de los comerciantes junto a un muelle que se adentra en el mar allí donde hay un buen puerto, en el que desembarcar los productos de otros climas y en el que cargar las exportaciones del propio. Lo siguiente que me interesa es el mercado, en el que se reúnen los productos de nuestro país. Boston, Nueva York, Filadelfia, Charleston, Nueva Orleans y muchos más son los nombres de los muelles que se adentran en el mar. Son buenos sitios para recibir o soltar un cargamento. Veo muchísimos barriles y toneles de higos, pilas de madera para hacer mangos de parasol, bloques de granito y hielo, etc. Y eso es Boston. Enormes pilas de mercancías y los medios para embalarlas y transportarlas, mucho papel de envolver y bramante, muchas cajas y cubas, eso es Boston. Cuantos más barriles, más Boston. Los museos, las sociedades científicas y las bibliotecas son accidentales. Se congregan en torno a los barriles para ahorrar en carretillas de transporte.

En apariencia, el hielo se mantiene cuando se congela la orilla del río y la maleza, y por eso allí está desbordado, pero, en el medio, se ha levantado y permite la acción de la marea.

Por encima de la laguna de Fair Haven, he visto dos o tres lugares en los que, justo antes de la última congelación, cuando el hielo estaba reblandecido y parcialmente cubierto de aguanieve, había un estrecho canal de unas ocho pulgadas de anchura que atravesaba el río de prado a prado. Me veo obligado a creer, por su carácter peculiar en la orilla del prado, que es obra de ratas almizcleras, nutrias o visones que cruzan repetidas veces por allí.

## 25 DE DICIEMBRE DE 1856

POR LA TARDE. Camino hacia el risco de Lee. Un fuerte viento del noroeste está formando pintorescas pilas de nieve tras los muros. Como suele ocurrir, se asemejan a cascos más que a cualquier otra cosa; a veces, a proas de barco o, también, a los pliegues de una servilleta blanca o a un cubrecama echado sobre una cabeza tocada con capota. No hay montones de nieve tan pintorescos como los que se forman detrás de los muros abiertos de piedra suelta.

Dad largos paseos bajo una tormenta, o a través de nieve profunda en campos y bosques, si queréis mantener el ánimo encendido. Véoslas con la naturaleza salvaje. Pasad frío, hambre y cansancio.

## 25 DE DICIEMBRE DE 1858

Ahora que el sol está poniéndose, toda su luz parece centellear sobre la laguna de Walden nevada y golpear la orilla rocosa bajo los pinos broncos del extremo noreste. Aunque la orilla, desnuda y pedregosa, no tiene más de un pie o un pie y medio de altura, cuando miro, refleja tanta luz que las piedras son claramente distintas, como si la laguna estuviera enseñando los dientes. ¡Cuán lleno de luz suave y pura está ahora el cielo de poniente, tras el ocaso! Me encanta ver los contornos de los pinos recortados contra ella. A menos que mires, no sabes cuándo desciende el sol. Es como una vela que se apaga sin humo. Hace un momento, estabas viendo ese orbe rutilante entre las hojas secas de roble en el horizonte y ahora no detectas ya ni rastro de él.

La única voz que oigo en esta hora calma es el ulular de un búho. Qué feliz me hace escucharlo a él en lugar de al hombre más elocuente de nuestros días.

## 26 DE DICIEMBRE DE 1840

Cuando la laguna está congelada, no sospecho la riqueza oculta bajo mis pies. Cuántos lucios habrá en equilibrio sobre sus aletas relajadas varias brazas por debajo de la carreta cargada. La revolución de las estaciones debe de ser para ellos un fenómeno curioso. Ahora el sol y el viento van barriendo su telón y ellos vuelven a ver los cielos.

## 26 DE DICIEMBRE DE 1841

Al escuchar esta campana, vuelvo a los años y *sabbats* en los que era más joven e inocente, y me da la impresión de que hay un mundo dentro de otro mundo. El pecado, estoy convencido, no se encuentra en actos evidentes ni, de hecho, en actos de ningún tipo, sino que guarda proporción con la época que ha venido tras nosotros y ha desplazado a la eternidad, con el grado en el que nuestros elementos están mezclados con los elementos del mundo. Todo el deber de la vida está implícito en la cuestión de cómo inspirar y espirar ambas cosas a la vez.

## 26 DE DICIEMBRE DE 1850

Los pinares, vistos desde las cumbres, ahora que la tierra está cubierta de nieve, no son verdes, sino de un color marrón oscuro, de un marrón verdoso, quizá. Se ven manchas oscuras de bosque.

## 26 DE DICIEMBRE DE 1851

Esta tarde he observado, cuando E. H. volvió a casa después de estar cortando leña y desunció sus bueyes, que los animales se dedicaban a estirarse y rascarse con los cuernos, a frotarse contra los postes y a lamerse allí donde la yunta les había impedido llegar durante todo el día. Su manera tan humana de comportarse me ha afectado de forma tremenda. Estaban demasiado serios para alegrarse de haber terminado su jornada laboral; no les quedaban ni ánimos para ello. Se comportaban igual que un leñador cansado. Resulta doloroso pensar que a veces sin duda trabajan demasiado.

Esta mañana ha nevado bastante fuerte durante algunas horas, la primera nieve con consecuencias hasta el momento. Tiene unas tres pulgadas de grosor. Salgo a las dos y media de la tarde, justo cuando ha parado. Ahora es el momento, antes de que se desate el viento o brille el sol, de ponerse en marcha y ver la nieve sobre los árboles. Las nubes se han levantado ligeramente, pero siguen escupiendo unos cuantos copos. El vapor del motor no sube mucho en el aire neblinoso.

La nieve ha caído con tanta suavidad que forma una pared recta sobre la ramita más delgada. El agradable laberinto que crean las ramas es más visible que nunca y todas así cargadas están tan inmóviles como la propia ladera. Los pinos broncos están cubiertos de blandas masas globulares. El efecto de la nieve parece empujar el bosque hacia abajo, confundirlo con la hierba y crear una nueva superficie en la tierra que hay encima, en la que nos encierra, y, en cierto modo, avanzamos como topos por nuestras galerías. La visión del camino, puro y sin hollar, que sube a la colina de Brister, con las ramas y los árboles cargados de nieve doblándose sobre él desde ambos lados, podría tentarnos a empezar de nuevo nuestra vida. El hielo ha quedado cubierto y ya no se puede patinar. Las colinas, desnudas, están tan blancas que me resulta imposible distinguir sus contornos contra el cielo neblinoso.

La nieve se ha posado bellamente sobre los robles enanos, como un grueso trenzado en el aire. Tienen tantas ramas pequeñas y zigzagueantes que queda casi todo relleno de una nieve ligera hasta esa altura. Los cazadores ya han salido con sus perros tras la primera bestia que deje una huella. He visto una pequeña bandada de chingolos arbóreos allí donde están brotando árboles nuevos, bajo el risco de Bartlett. Su pío metálico es muy parecido al chirrido del carbonero. Todas las plantas, con sus semillas asomándose oscuras sobre la nieve, son ahora especialmente visibles, mientras que antes apenas podían distinguirse sobre la tierra oscura. He pasado junto al pino bronco al que le cayó un rayo y me he quedado pasmado al alzar la mirada y ver la señal en espiral, ancha y nítida, más nítida incluso que cuando apareció, hace ocho años, igual que una muesca en un bastón: señala el punto en el que un rayo terrible e imparable bajó desde el firmamento, desde el cielo inofensivo. Parecía un lugar sagrado. He tenido la sensación de que no hemos aprendido gran cosa desde los tiempos de Tulo Hostilio. El árbol muestra con todo detalle el efecto del impacto y los pájaros carpinteros han empezado a perforarlo por un lado.

Walden sigue abierta. He visto en ella un ave acuática de pequeño tamaño; probablemente, algún tipo de somormujo, un mirlo acuático o algo así, con los distintivos, según pude ver, del somormujo lavanco, pero más pequeño. Tenía la cabeza negra, un anillo blanco en torno al cuello, el pecho blanco y el manto negro y, en apariencia, carecía de cola. Se zambullía para nadar unas cuantas varas bajo el agua y, cuando estaba en la superficie, daba vueltas y vueltas sin cesar, cauteloso, balanceando la cabeza arriba y abajo todo el rato. Es la única laguna de la zona que sigue abierta.

Me ha adelantado un irlandés que iba en busca de trabajo. Le he preguntado si sabía cortar leña. Ha dicho que no llevaba mucho en el país, que sabía cortar bastante bien por un lado de un árbol, pero que aún no había aprendido a cambiarse el hacha de mano y cortar por el otro sin tener que rodearlo, lo que aquí llamamos «cruzar la pierna». Reciben un salario muy bajo en esta época del año, casi pasan a mejor vida en sus esfuerzos por mantener juntos el alma y el cuerpo. Se ha marchado a la carrera para buscar un patrón nuevo.


26 DE DICIEMBRE DE 1854

En las tierras de R. [New Bedford]. No recuerdo haber visto nunca un día así en Concord. Aquí no hay nieve (aunque en Concord se dan unas condiciones excelentes para usar el trineo desde el día 5), pero sí mucho barro: la escarcha salía de la tierra a nuestro paso como si fuera primavera.

He ido a caminar por el bosque con R. Hacía un día maravillosamente cálido y agradable. Los gallos cacareaban igual que en un día primaveral. He notado cómo se deshacía en mí el invierno y, si hubiera estado en casa, habría tratado de escribir un poema. Me han dicho que no es raro ver días así allí, que sus inviernos se parecen poco o nada a los nuestros, y que se debe a la influencia de la corriente del Golfo, que sólo está a sesenta millas de Nantucket en su punto más cercano, o a ciento veinte millas de ellos. En pleno invierno, cuando sopla viento del sureste o incluso del suroeste, suelen tener días tan cálidos y debilitantes como en verano. Hay una diferencia aproximada de un grado de latitud entre Concord y New Bedford, pero mucho mayor en lo que respecta al clima. Es muy habitual ver allí acebos americanos, con sus bayas rojas aún prendidas, y ahora es su planta perenne navideña. He oído el trino fuerte y dulce de las alondras y he visto petirrojos.

R. me ha contado que en su día se importaron faisanes de Inglaterra (de donde tampoco son autóctonos) y que ahora los cazan en esos parajes.

### 26 DE DICIEMBRE DE 1855

Tras la nieve, la lluvia y el granizo de ayer y anoche, esta mañana tenemos una buena capa helada; sobre la tierra hay una costra de nieve de al menos una o dos pulgadas, la mayor del año. El sol sale a las nueve de la mañana y enciende la corteza de hielo de los árboles. Voy a Walden por el hospicio, siguiendo las vías del tren. Los árboles que se ven hacia el oeste, frente a las nubes oscuras, con el sol brillando desde lo alto, están del todo blancos por el efecto de la escarcha y sus contornos se revelan con enorme perfección y claridad, inmensas volutas y apenas esbozos de árboles, con sus ramitas recorvadas. Los muros y las cercas están recubiertos y los campos centellean con un sinfín de lanzas de cristal. El viento está ya levantándose y se oye un traqueteo por encima, en la calle. Al iluminar una garganta que hay sobre los bosques de la colina de Brister, el sol descubre una corriente de aire maravillosamente brillante, además de sólida y diferenciada, en apariencia. El hielo mide entre un octavo y un cuarto de pulgada de espesor sobre las ramitas y las agujas de pino. Las copas de los árboles están inclinadas, y sus penachos y agujas rígidos como si se hubieran protegido bajo un cristal para poder estudiarlos en el futuro. Los pinos, así lastrados, terminan en una punta afilada y me recuerdan a abetos e incluso a tuyas, con sus enormes ramas colgantes envolviéndolos como los pliegues de un manto o un chal. La corteza está ya salpicada de trozos de agujas verdes que se han partido. Es habitual que toda la copa se alce desnuda, mientras que las ramas medias e inferiores cuelgan hacia abajo apiñadas, apoyadas unas en otras. Pero las más interesantes son las hierbas rastreras y de baja altura que hay en los campos y en los senderos del bosque. Aquí hay asteres (con hojas como las de la ajedrea), cuyos cálices planos e imbricados, a tres cuartos de pulgada por encima, están rematados y encerrados por un botón de hielo transparente, como un pomo de cristal, a través del cual se ven los reflejos del cáliz marrón. Son muy frecuentes. Cada pequeño cáliz azul en bucle tiene un botón esférico, como los del abrigo de un chiquillo, en ramitos, y el poleo tiene esferas aún más pequeñas y dispuestas con más uniformidad alrededor del tallo, a modo de candelabro, y sigue oliendo a través del hielo. Las hierbas más delicadas soportan las cargas de hielo más extraordinarias, perfectamente amontonadas, sobre sus hebras diminutas. Estas plantas se estiran y vuelven a la nieve formando un arco, un sinfín de arquitos de pocas pulgadas de altura, cada uno con su envoltorio de hielo, que se rompe con un tintineo a cada paso. El fruto escarlata del liquen *Cryptothecia rubrocincta*, que se ve brillar a través de la corteza blanquecina o nevada, más opaca, de un tocón, es, al inspeccionarlo de cerca, la imagen más exquisita de todas, pues el color escarlata crece y se multiplica por refracción a través de las burbujas y superficies semiesféricas de la costra de hielo, como si ésta estuviera recubriendo una apretada acumulación de semillas de color bermellón. En medio hay líquenes *Cladonia*, marrones. Toda la áspera corteza está también envuelta.

Una ardilla ya ha perforado aquí y allá la costra que cubre la entrada de su madriguera, a un lado del sendero, y ha dejado cáscaras de bellota vacías sobre la nieve. Estuvo excavando esta mañana antes de que la nieve se helara ante su puerta.

Nos atraen particularmente en invierno el verdor y los indicios de nuevos brotes, cuando las yemas verdes y blancas de hierbas y plantas asoman o las vemos flotando en el agua, y también el color de los líquenes *Cryptothecia rubrocincta*, las aves carmesí, etc.

A LAS CUATRO DE LA TARDE. Remontando las vías del tren. Como el sol está más alto y ha obtenido una justa victoria sobre las nubes, el hielo brilla con todos los matices del espectro. El dosel entero del pinar, que se extiende varias millas hacia el horizonte, está rematado por puntas afiladas; hay brotes adelantados, con unos cuantos penachos.

En una historia de verdad o una biografía, qué escasas consecuencias tienen esos acontecimientos a los que tanta importancia suele darse. Veo en mi diario que los acontecimientos más importantes de mi vida, si acaso están relatados, no tienen ni fecha.

## 26 DE DICIEMBRE DE 1858

POR LA TARDE. Voy de visita este domingo por la tarde a una granja, donde sorprendo a los adinerados dueños de la casa holgazaneando y vestidos con ropas harapientas, por lo cual consideran necesario disculparse, y uno de ellos se afana en poner la mesa para la cena (a la que me invita, por fin, a sentarme), traer del sótano carne fría y un pegote de mantequilla sobre la punta del cuchillo y preparar el té para cuando su madre vuelva de la iglesia. Así de sincera y sencilla, como me complace descubrir, es la vida real de estas gentes de Nueva Inglaterra, que cuando están en casa visten unos andrajos que avergonzarían a un mendigo (y no son mendigos ni indigentes quienes podrían avergonzarse por esto) y hacen las tareas necesarias, por muy humildes que sean. ¡Ha sido mucho mejor y más humano que si hubieran importado y dispuesto entre sus penates un torso sin cabeza de las ruinas de Irlanda! Me alegra ver que nuestra vida en Nueva Inglaterra tiene un corazón genuino y humano, que en el interior, al fin y al cabo, hay muy poca pretensión y jactancia. El hijo de mediana edad está allí sentado, en esa casa vieja y sin pintar, con un abrigo de harapos y ayuda a su anciana madre en sus labores cuando el campo no lo necesita.

### 26 DE DICIEMBRE DE 1859

POR LA TARDE. A patinar al puente de Lee. Veo a un bruto con un arma en la mano, de pie, inmóvil, sobre el hogar de una rata almizclera que ya ha destrozado. Averiguo que ha visitado todas las que hay en el entorno de la laguna de Fair Haven, por encima y por debajo, las ha derribado una a una y ha dejado su interior abierto a las aguas, para luego quedarse vigilando en las cercanías a la espera de que la pobre criatura asome la cabeza en busca de aire. Veo el cadáver rojo de una, cuya piel le ha arrancado allí mismo, y por esta crueldad vespertina el tipo será recompensado con nueve peniques, si acaso. Cuando reflexiono sobre las oportunidades que tiene el hombre civilizado de conseguir peniques y de conseguir luz, me parece más salvaje que los salvajes. Cuento con que quien así trata el hogar de la rata almizclera, su refugio cuando el agua es una gruesa capa de hielo, no llegará, ni él ni su familia, a un buen final. Veo muchos de estos hogares destrozados, me asomo al agujero abierto y encuentro en él, casi en todos los casos, trozos de una raíz blanca, con el brotecito de la hoja enroscado hacia arriba, creo que es la del lirio amarillo. Al menos el brote, al desplegarse, desprende el mismo olor que el lirio. Habrá cinco o seis de estos brotes puntiagudos, más o menos verdes, en un extremo de la raíz. También me encuentro uno un poco más grueso, que creo que es el tallo verde de la hoja de la *Pontederia*, pues distingo un poquito de la estípula que recubre el tallo desde el interior. En un agujero había una gran cantidad de estas raíces con los brotes de las hojas aún sujetos o arrancados a mordiscos. Las raíces tenían, por lo general, un diámetro de cinco o seis octavos de pulgada. Han de ser, creo, el principal alimento de las ratas almizcleras en esta época del año. Si se abren veinte madrigueras, se encontrarán en al menos tres cuartas partes de ellas, y nada más, salvo un pequeñísimo tallo de hoja de *Pontederia*. Al comer o, al menos, arrancar tantos brotes de lirio, deben de estar esquilmando considerablemente la planta. No he visto conchas recientes de moluscos en los agujeros y apenas ninguna sobre el hielo junto al borde de los espacios abiertos, y tampoco creo que estén formando un montón bajo la superficie. Puede ser, no obstante, que abran los moluscos en el agujero y luego tiren las conchas al agua cercana.

Este invierno he visto en dos ocasiones una rata almizclera flotando en un lugar plácido y tranquilo abierto en el hielo del río, cuando éste estaba congelado a lo largo de una milla en ambos lados. Al principio me pareció un trozo de tocón o de pasto helado, pero luego asomó todo su contorno superior, desde el hocico hasta el final de la cola, absolutamente inmóvil hasta percatarse de mi presencia, y entonces, de pronto, se sumergió y puso rumbo bajo el hielo hacia la entrada de una madriguera u otro refugio a cinco o seis varas de distancia.

Igual que algunos de los cuentos de nuestra niñez nos persiguen cuando somos adultos, la propia humanidad aún se cree algunas de las fábulas con las que su infancia se ha entretenido y le han impuesto; por ejemplo, la fábula de las grullas y los pigmeos que los hombres instruidos se han empeñado en creer o explicar durante el pasado siglo.

Aristóteles, al ser casi el primero, si no el primero, en escribir sistemáticamente sobre los animales, les da, por supuesto, sólo nombres populares, los habituales entre los cazadores, pescadores y granjeros de su época. No usaba términos científicos. Pero al tener él la prioridad y haber creado ciencia, por así decirlo, y haberle dado sus leyes, esos nombres populares griegos, incluso aunque los animales a los que se aplicaban no puedan identificarse, se han conservado en gran medida y constituyen los nombres cultos, disparatados y en general ininteligibles de los géneros hoy en día, como ὁλοθούριον[7], etc. Su *Historia*

---

[7] Se trata de un animal descrito por Aristóteles como una especie de esponja marina. Ha sido considerado tradicionalmente un término de etimología poco clara, hasta tal punto que incluso su referencia biológica se ha puesto en duda.

*de los animales* se ha convertido, así, en un depósito de nomenclatura científica.

M. me envió ayer un *Strix asio*, o autillo chillón, perfecto, sin una sola pluma gris. Ahora suele identificarse con el *noevia*, pero, mientras algunos consideran que el rojizo es el adulto, otros creen que es el pollo. Éste es, como dice Wilson, de un color «marrón avellana» vivo. Mide veintitrés pulgadas de envergadura por unas once de largo; los pies, una pulgada más que la cola. Cabot afirma que el rojo es el adulto; Audubon, que es el pollo.

A tal extremo han llegado nuestra civilización y la división del trabajo que A., recolector profesional de arándanos, ha arrendado el campo de B. y suponemos que ahora mismo está recogiendo la cosecha, quizá con la ayuda de una máquina patentada. C., cocinero profesional, está supervisando la elaboración de un pudín hecho con algunas de las bayas, mientras que el profesor D., a quien va destinado el pudín, está sentado en su biblioteca escribiendo un libro, una obra sobre las *Vaccinieae*, por supuesto. Y ahora el resultado de este proceso descendente se verá en ese libro, que ha de ser el fruto último del campo de arándanos, y justificar la existencia de los dos profesores que ha habido entre D. y A. Será inútil. No habrá en él ni rastro del espíritu del arándano. Su lectura será un cansancio para la carne. Por describirlo con una fórmula sencilla, es como ahorrar en el grifo y desperdiciar en el tapón. Yo creo en un tipo distinto de división del trabajo y creo que el profesor D. debería dividir su tiempo entre la biblioteca y el campo de arándanos.

Puesta de sol desde la colina de Fair Haven. Esta tarde hay muchas nubes por el oeste, hacia las que va bajando el sol, por lo que tenemos un atardecer visible o aparente y un cielo nocturno rojizo quince minutos antes de la puesta de sol propiamente dicha. Hay que llegar temprano a las colinas para presenciar un atardecer así; como muy tarde, antes de las cuatro y media. Después, todos los valles, parejos hasta el horizonte, se llenan de un vapor púrpura que medio oculta las montañas remotas, y las ventanas de unas granjas de otra forma invisibles brillan como una vela temprana o una hoguera. Cuando el sol se ha escondido tras una nube, parece producirse una congregación de cúmulos en torno a su ocaso, y, durante unos instantes, su luz en el cielo ámbar resulta más intensa, viva y pura que a mediodía, como el éxtasis que a veces se dice que ilumina el rostro de un moribundo. Es una muerte serena o crepuscular, como el final del día. Por fin, a través de toda la crudeza que ha acumulado en la atmósfera la jornada, se ve un pedazo de cielo sereno, más claro, en contraste con la oscuridad que lo rodea, que el mediodía, e incluso el crudo ambiente del día adquiere un dorado y una pureza de ámbar gracias al sol que se pone, como si los pecados de esta fecha fueran perdonados.

Dichoso aquel que todos los días puede contemplar algo tan puro y sereno como el cielo de poniente al atardecer, mientras las revoluciones afligen el mundo.

No necesariamente hay invierno en el cielo, aunque la nieve cubra la tierra. El cielo siempre está dispuesto para responder a nuestros ánimos. Podemos ver en él el verano o el invierno.


## 27 DE DICIEMBRE DE 1852

Hoy no había ni una sola partícula de hielo en Walden. La he atravesado remando y he sacado del agua mi bote nuevo. En la superficie, un pato blanco y negro. Flint y Fair Haven estaban congeladas. La tierra, desnuda. El río, abierto.


## 27 DE DICIEMBRE DE 1853

Viento fuerte y nevisca por la noche. Unas crestas de nieve cruzan las calles del pueblo y lo hacen parecer tan agreste y lúgubre como un puerto de las montañas Rocosas o de Sierra Nevada.

POR LA TARDE. A la laguna de Fair Haven, remontando los prados y el río. La nieve refulge como rocío a quince pies de altura sobre los campos, mientras el viento ruge en los árboles como en el cordaje de un barco. Es exactamente igual que el mar en una tormenta.

Resultan sorprendentes las cosas que revela la nieve. No había visto un meteoro de prado[8] en todo el verano, pero, en cuanto la nieve aparece y extiende su manto sobre la tierra, se estampan en ella las huellas de un sinfín de ratones y animales más grandes. Veo el lugar en el que el ratón se ha hundido por un agujerito de la nieve, no mayor que mi pulgar, junto a una planta, y que ha reaparecido una yarda más allá; y así una y otra vez, por encima y por debajo. Lleva una vida cómoda. Los cuervos se acercan más a las casas, se posan en los árboles junto al camino, pues parece ser que les cuesta encontrar alimento.

Es un verdadero atardecer invernal, casi sin nubes, despejado, frío, de color índigo, sobre el horizonte. El lucero de la tarde se ve brillar con fuerza antes de que empiece el crepúsculo. Un tono rosáceo baña el horizonte de oriente. El contorno de las montañas adquiere una distinción y nitidez maravillosas. Son azul oscuro y están muy cerca. Wachusett parece una ballena franca por encima de nuestra proa, barriendo el continente, con las aletas muy bajas. Tiene la mirada rabiosa, como si llevara un arpón clavado.

Ojalá pudiera comprar en las tiendas algún tipo de goma que borrara de inmediato todo aquello de mis escritos que ahora me cuesta tantas lecturas escrupulosas, tantos meses, si no años, y tanta renuencia eliminar.

---

[8] *Microtus pennsylvanicus.* Se trata de una especie de roedor de la familia *Cricetidae.*

Walden está cubierta casi por entero. Seguramente se congelará del todo cuando oscurezca.

Con frecuencia oigo a un perro ladrar a cierta distancia, de noche, cosa que, por extraña que parezca, me recuerda al arrullo o el cacareo de una tórtola a la que oía todas las noches, hace un año, en Perth Amboy. Arrullaba sin falta ante el más mínimo sonido de la casa, tan eficaz como un perro guardián. El cacareo de los gallos también me lo recuerda y, ahora que lo pienso, tenía justo la misma entonación y acento que el *hu-hu-hu-uuu* de un búho; en cada caso, una sonora dilatación en la última sílaba.

Cogen el tono y rompen el silencio con la primera nota, y luego lo prolongan y acrecientan en la última.

Los sonidos más comunes y corrientes, como el ladrido de un perro, producen el mismo efecto en oídos nuevos y sanos que la música más excepcional. Depende del hambre de sonido que se tenga. Igual que una corteza es más dulce para un apetito sano que una golosina para otro consentido o enfermo. El que esos sonidos corrientes sean música para nosotros es mejor que tener los oídos más excepcionales para la música en cualquier otro sentido. Me he quedado despierto por la noche muchas veces para pensar en el ladrido de un perro que había oído largo tiempo atrás, bañando mi ser otra vez en esas ondas sonoras, igual que quien frecuente la ópera podría quedarse despierto recordando la música que ha escuchado.

Así como mi madre me confeccionó una vez mis bolsas con aquellas otras, viejas, en las que mi padre guardaba los utensilios para hacer el fuego, con la fecha de la fundación de la sociedad impresa en ellas, 1794 (aunque no hacían más que bolsas de mala calidad), proyectamos nuestro significado en las mitologías antiguas. Estoy seguro de que los griegos eran, por lo general, inocentes de los *double entendre* que les atribuimos.

En algunas ocasiones no nos sorprende que tanta gente se suicide, así de estéril e inútil es la vida. Sólo seguimos viviendo mediante un esfuerzo de la voluntad. Pero, de pronto, nuestro estado mejora e incluso el ladrido de un perro nos resulta placentero. Así de ligada está nuestra felicidad a nuestra situación física y una reacciona ante la otra.

No perdáis las esperanzas en la vida. Tenéis sin duda la fuerza suficiente para superar los obstáculos. Pensad en el zorro que merodea por el bosque y los campos en una noche de invierno, en busca de algo con lo que calmar su hambre. A pesar del frío, los sabuesos y las trampas, su raza sobrevive. No creo que ninguno de ellos se haya suicidado jamás. Esta tarde he visto el lugar en el que probablemente un zorro había hecho rodar algún pequeño cadáver por la nieve.

La mayoría de ensayos y conferencias me decepciona. Me doy cuenta de que había esperado que sus autores tuvieran alguna vida, alguna experiencia muy personal que narrar, lo que habría restado importancia, en comparación, al estilo con el que se expresaban, pero, por lo general, sólo tienen un talento que mostrar. Puede ser que la nueva revista que todos habían estado aguardando no contenga más que otra historia de amor, narrada con tanta naturalidad como la última, quizá, pero sin la más mínima innovación. Puede que sea un mero vehículo para las expresiones yanquis.

Qué contrastes tan interesantes nos concede nuestro clima. En julio, te precipitas jadeante a la laguna para refrescarte en el agua tibia, cuando las piedras de la orilla están tan calientes que no puedes sostener una en la mano y apretarla, y los caballos se derriten en el camino. Ahora vas caminando sobre la misma laguna, congelada, entre la nieve, con los dedos y los pies entumecidos, y ves el agua blanquecina y yerta bajo el hielo.

### 27 DE DICIEMBRE DE 1858

¡Hablando del destino! ¡Qué poco se puede saber de lo que el destino le tiene reservado a otro! Lo que puede hacer y lo que no puede hacer. Dudo de que nadie pueda dar ni recibir ningún consejo muy relevante. En todas las crisis importantes, cada cual puede consultar sólo a su conciencia. Aunque fuera el más perezoso y chiflado de los mortales, si aún reconoce que tiene una conciencia a la que consultar, nadie puede atreverse a interponerse entre ambos. Son, a mi parecer, de una sustancia pobre y criaturas de un destino miserable aquellos a quienes puede aconsejarse y persuadirse en pasos muy importantes. Señaladme a un

hombre que consulte con su conciencia y me habréis señalado a un hombre al que no pueda aconsejarse. Puede que
sepáis lo que una cosa cuesta o vale para vosotros, pero
jamás sabréis lo que cuesta o vale para mí. Toda la sociedad puede gritar porque ha nacido un hombre que no se
conforma, pues para él la conformidad es la muerte. Tal es
su naturaleza. No saben nada de su situación, son bobos
cuando creen que están aconsejándole. El hombre con
conciencia sabe lo que quiere. Nadie más lo sabe, y sólo él
sabe cuándo algo se interpone entre él y su objetivo. Con
el paso de las generaciones, no obstante, habrá hombres
que os disculpen por no hacer lo mismo que ellos, si traéis
lo suficiente para transitar por vuestro propio camino.

## 28 DE DICIEMBRE DE 1840

La nieve cuelga de los árboles como la fruta de la temporada. En esas ramitas que el viento ha conservado desnudas ya hay un verde más cálido que destaca. Todo el
árbol sugiere una especie de confort interior y hogareño,
un aspecto resguardado y a cubierto. Tiene el mismo aire
acogedor y tentador de una casita en el páramo, enterrada en la nieve. Nuestras voces suenan a hueco a través
del bosque, como en una habitación, las ramitas se parten
bajo los pies con ecos íntimos y domésticos. He observado, en una mañana despejada de invierno, que los bosques tienen su ventana al sur, igual que las casas, por la
que los primeros rayos de sol se derraman por los pasillos

y corredores. El sol sube rápidamente tras las ramas del pino estrobo, como los travesaños de un portillo.

Por salud tanto física como mental, cortejad el presente. Y abrazad la salud allí donde la encontréis.

Merece la pena, sin duda, aplicar la sabiduría que uno tenga al modo en que dirige su vida. Me considero, casi siempre, sensato para las cosas pequeñas e ingenuo para las grandes. Para poder llevar a buen término algún asunto nimio, vivo toda mi vida con tosquedad. Un margen amplio de ociosidad es tan hermoso en la vida de un hombre como en un libro. Vísteme despacio, que tengo prisa, y esto no es menos cierto en la vida que en los quehaceres domésticos. Llevad el paso del tiempo, observad las horas del universo, no de los coches. Qué son sesenta años vividos con prisa y brusquedad frente a los momentos de ociosidad divina en los que vuestra vida coincide con la vida del cosmos. Llevamos una vida demasiado rápida y brusca, al igual que comemos con demasiada rapidez y no conocemos el verdadero sabor de nuestro alimento. Consultamos a nuestra voluntad y entendimiento, y a las expectativas de los hombres, pero no a nuestra conciencia. Puedo imponerme tareas que me doblegarán de por vida e impedirán toda expansión, y me siento muy inclinado a hacerlo. Un instante de la vida cuesta muchas horas, y no horas de actividad, sino de preparación e invitación. Sin embargo, al

hombre que no se encamina de inmediato y con desesperación a serrar se lo tacha de holgazán, por mucho que esté
todo el tiempo llamando a las puertas del cielo, que, sin
duda, estarán abiertas para él. El propósito más elevado de
la vida es aquel que requiere la disciplina más alta y exquisita. ¡Cuánta ociosidad, casi infinita, es necesaria en toda una
vida para apreciar un solo fenómeno! Debéis acampar junto a él de por vida, tras llegar a vuestra tierra prometida,
y entregaros por completo. Debe suponer para vosotros el
mundo entero y simbolizar todas las cosas. La más mínima
parcialidad es vuestra falta de visión, y degrada fatalmente
la experiencia. A menos que el zumbido de un mosquito
sea como la música universal y que la música universal sea
como el zumbido de un mosquito, para mí no son nada.
No son las comunicaciones que sirven a una historia (que
son ciencia), sino la gran historia en sí, lo que nos regocija
y satisface.

## 28 DE DICIEMBRE DE 1853

Oigo y veo chingolos arbóreos por entre las plantas del
huerto. Parece que visitan los vergeles con las primeras
nieves, o puede que simplemente resulten más visibles
sobre el fondo blanco. Con su pío agudo y plateado se
informan quizá unos a otros de dónde están y así se mantienen juntos.

[Nantucket]. Una llovizna como la de ayer. El capitán Gardiner me ha llevado a Siasconset en su carruaje. Está muy implicado en la plantación de pinos en la isla. No se ve ningún árbol, excepto los que rodean las casas. Me ha enseñado varios terrenos suyos, de distintos tamaños, un trecho de trescientos acres dividido en hileras mediante una sembradora, donde los arbolitos, de dos años, estaban apenas empezando a teñir de verde la tierra. He visto también pinos rojos americanos y nuestros pinos broncos, mezclados, de ocho años, que de lejos parecían todo un bosque. Los pinos rojos americanos son los que más rápido han crecido, sus brotes son más largos y su apariencia más azulada vistos en la distancia, más parecidos al pino estrobo. Los pinos broncos comunes tienen un tono rojizo y dorado en la copa. Algunos están plantados en hileras; otros, desperdigados. Al principio, el capitán Gardiner se alarmó cuando descubrió que los topos habían excavado sus madrigueras directamente bajo las cepas y, por lo tanto, dañado las raíces y matado muchos de los árboles, y volvió a sembrar. También se desanimó al ver que una especie de gusano ahusado había matado el brote principal de gran parte de los árboles de mayor edad de su vecino. Estas plantaciones han de cambiar, muy pronto, el aspecto de la isla. Las semillas de pino bronco común, obtenidas en el Cabo, le costaron unos veinte dólares por fanega; como mínimo, alrededor de un dólar las dos pintas, con las alas, y le dijeron que se necesitaban unas ochenta fanegas de piñas para conseguir una de semillas. Me sorprendió enterarme de que las semillas de pino rojo americano sin alas, importadas de Francia, no habían llegado a costar dos dólares por fanega, entregadas en Nueva York o Filadelfia. El capitán ha encargado ocho toneles de las mejores semillas, limpias y sin alas, a ese precio. Creo que ha dicho que hace falta un galón para sembrar un acre. Había intentado conseguir semillas de pino estrobo, pero en vano. Las piñas no tenían semillas de ese tipo. Da la impresión de que pretende sembrar una buena parte de la isla, aunque ha dicho que tal vez venda una parte de las semillas. Es una empresa interesante. Esta isla parece una pradera, salvo por el hecho de que las vistas, con el tiempo despejado, están delimitadas por el mar. He visto cuervos y petirrojos, también he visto y oído alondras, pero, las más de las veces pude observar, correteando junto a las rodadas o volando en círculos, justo por encima del suelo, en bandadas pequeñas, lo que los lugareños llaman «aves de las nieves», un ave gris similar a un escribano, más o menos del mismo tamaño que el escribano nival. ¿Puede tratarse del chingolo costero, o del chingolo sabanero, o de la alondra cornuda? Hace unos años, alguien se trajo del continente una decena de perdices, pero, aunque siguieron viéndose algunas durante uno o dos años, nadie ha vuelto a verlas desde hace tiempo, y se cree que se han extinguido. Según el capitán Gardiner, tal vez fueran presa de los mapaches, que eran muy numerosos. En la época de Harrison, se trajeron y soltaron unos cuantos mapaches. Se multiplicaron muy rápido y se convirtieron en toda una plaga que mataba a las gallinas, etc., por lo que pasaron a ser ellos, a su vez, los perseguidos. Al final, la gente se puso de acuerdo para ir a cazarlos con sabuesos; llegaron a matar a setenta y cinco de una vez, y a partir de ese momento el capitán no ha vuelto a oír hablar de mapaches. En algún momento ha habido zorros, pero ya no. No queda ningún animal autóctono que sea más grande que un topo.

El último indio, que no era de sangre pura, ha muerto este mismo mes. He visto una foto suya con una cesta de arándanos en la mano.


28 DE DICIEMBRE DE 1856

Me sorprende encontrarme en Walden a la *Fringilla hyemalis*. Los pescadores están sentados junto a su hoguera mojada de madera de pino podrida, con tanta humedad y frío que hasta el humo en los ojos les proporciona un cierto alivio. Ahí están arrellanados, ojeando ocasionalmente sus carretes para ver si alguno ha caído y, a pesar de que no capturan muchos peces, sí que se llevan lo que han venido a buscar, aunque quizá no sean conscientes de ello, es decir, una vivencia más agreste de lo que ofrece la ciudad.

Yo florezco mejor cuando estoy solo. Si he tenido un acompañante aunque sea un día de una semana, a menos que hayan sido una o dos personas que podría nombrar, me parece que el valor de esa semana se ha visto, para mí, gravemente afectado. Disipa mis días y, a menudo, me lleva otra semana recuperarme. Igual que los esquimales del estrecho de Smith, en el norte de Groenlandia, rieron cuando Kane les advirtió sobre su total exterminación, aislados como estaban de su raza por el hielo, a menos que trataran de cruzar el glaciar hacia el sur cuando fuera la época propicia, yo también río cuando me habláis del peligro de que el aislamiento me deteriore. Aquí es donde la morsa y la foca, el oso polar, los eideres y las alcas con los que engordo más abundan.

28 DE DICIEMBRE DE 1858

POR LA TARDE. A Walden. La tierra está desnuda. Camino junto a la laguna observando las orillas, porque no he remado mucho por ellas en los últimos años. ¡Qué sitio tan magnífico para un paseo! Esa orilla pedregosa bajo los pinos broncos, que también refleja la luz, sólo mide tres pies de ancho por uno de alto, pero, incluso hoy, el hielo se ha fundido cerca del borde, y justo enfrente de ella es donde más abundan los lucios. Es la parte cálida y soleada a la que cualquiera, hombre, ave o cuadrúpedo, acudiría de inmediato en un día frío. He visto varios carboneros allí, en el lindero del pinar, al sol, silbándose y piándose alegremente unos a otros a cuenta de mi presencia, o eso creo, avecillas astutas e inocentes. Uno, un poco más alejado, emite el canto del mosquero. Hay un pie, más o menos, de agua límpida y abierta en este borde y, al percatarse, una de estas aves salta hacia ella, como encantada

59

de descubrir aguas abiertas en esta época del año. Tras acicalarse, se queda sobre una piedra, metida en la laguna hasta la barriga, sumerge la cabeza y juguetea con el agua vigorosamente, para darse un buen lavado. Yo no habría esperado ver esto en esta época, pero seguro que no se resfría. El hielo se resquebraja de repente con un chirrido tembloroso, como si fuera loza o el más frágil de los materiales, pues eso es lo que es, y observo, aquí sentado en esta orilla abierta, que, cada vez que el hielo se agrieta, aunque pueda ser a una buena distancia hacia el centro de la laguna, el agua se agita mucho. El hielo mide unas seis pulgadas de espesor.

### 29 DE DICIEMBRE DE 1840

Igual que el eco me hace articular la voz con claridad, el afecto de un amigo da sencillez y sentido a mi discurso. Ésta es la ventaja de escribir cartas.

### 29 DE DICIEMBRE DE 1841

Semanas y meses enteros de mi vida estival se marchan, escabulléndose en finos volúmenes como de niebla o humo, hasta que, al final, una mañana templada, quizá, veo una lámina de niebla que el viento arrastra desde el arroyo hasta la ciénaga, su sombra revoloteando por los campos, que han adquirido un significado nuevo con ese accidente, e, igual que ese vapor se alza sobre la tierra, también las próximas semanas se elevarán sobre el plano de ésta. Una experiencia similar puede darse cuando el sol, al ponerse, atraviesa en oblicuo los pastos, y el mugido de las vacas resuena en mis oídos y no hacen sino realzar la quietud, y el crepúsculo es como el alba, una hora de comienzo y no de final, como si nunca hubiera terminado, con su ámbar cristalino de poniente, de incitar a los hombres a una vida de límpida pureza. Por la tarde, brillan partes de mi trabajo distintas de las que había valorado al mediodía y descubro el auténtico significado de mi esfuerzo, como cuando el agricultor ha llegado al final del surco y, al volver la vista, es cuando mejor discierne dónde brilla más la tierra prensada.

Los hombres deberían salir de la naturaleza con el *cricrí* del grillo o el canto del zorzalito rojizo en el oído. Estos sonidos terrenales sólo deberían morir durante una estación, igual que los compases del arpa se elevan y caen. La muerte es esa pausa expresiva en la melodía del estallido. Si estuviera yo tan limpio como tú, oh, bosque… No descansaré hasta que sea tan inocente como tú. Sé que, antes o después, alcanzaré una inocencia inmaculada, pues, incluso ahora, cuando pienso en ese estado, me emociono.

Si fuéramos lo bastante sagaces, deberíamos ver a qué virtud debemos todo aquel instante feliz que podamos disfrutar, y no dudar de que nos lo merecimos en algún momento.

Estos movimientos que se dan en toda la naturaleza han de ser, sin duda, las circulaciones de Dios: el arroyo que corre, el árbol que se agita, el viento que vaga... de dónde, si no, su salud y libertad infinitas. No encuentro nada tan sagrado como jugar y retozar sin preocupaciones en este cenador que Dios nos ha construido. La sospecha del pecado no llega nunca a esta vivencia. Si los hombres sintieran lo mismo, no construirían nunca templos, ni siquiera de mármol o diamantes (sería sacrílego y profano), sino que holgarían para siempre en este paraíso.

Parece como si, en una época, sólo hiciera falta decir o escribir un atributo, un pequeño incidente de la biografía humana, para que todos los lectores vayan como locos tras él y que el hombre que hizo el milagro se convierta en semidiós de ahí en adelante. Lo que todos hacemos no puede decirlo nadie y, cuando algún orador afortunado pronuncia una verdad propia de nuestra experiencia y no de nuestra especulación, creemos que ha debido de contar con la ayuda de las nueve Musas y las tres Gracias.

## 29 DE DICIEMBRE DE 1851

El sol acaba de salir. La tierra está desnuda casi por entero. Hace calor como en una mañana de abril. Hay un canto de azulejos en el aire y los gallos cacarean como en primavera. El vapor sube en volutas desde los tejados y el suelo. Se puede pasear con el manto desabrochado. Resulta emocionante contemplar la superficie lisa y cristalina del agua, allí donde la nieve fundida ha formado grandes charcos y pozas, y verla correr por los canales.

Por la tarde, hacia el arroyo Saw Mill con W. E. C. hace el mismo calor que en verano. Te sientas en el travesaño de una cerca y vegetas al sol, y te das cuenta de que la tierra puede volver a producir guisantes. Sin embargo, dicen que este tiempo despejado y apacible es dañino. Así son algunos. Qué admirable es que nunca podamos prever el tiempo, que sea siempre nuevo. Ayer nadie soñaba con el día de hoy. Nadie sueña con el de mañana. De ahí que el tiempo sea siempre noticia. Este día, ayer, fue tan increíble como cualquier otro milagro. Ahora todas las criaturas lo sienten, incluso el ganado que mastica tallos en los corrales, y quizá haya penetrado incluso bajo las piedras, donde acechan los grillos.

### 29 DE DICIEMBRE DE 1853

Una ventisca torrencial durante todo el día que ha recluido a casi todos, detenido los coches, bloqueado los caminos. La nieve se cuela por los resquicios más pequeños de puertas y ventanas. Es la peor ventisca que recuerdo haber soportado. Un viento fuerte del norte empuja la nieve casi en horizontal y, además de helarte, casi te quita el aliento. La nieve torrencial te ciega: cuando estás protegido, no ves más que un pequeño trecho, de lo espesa que es. Sin embargo, a pesar de todo ello, o por esa razón, veo la primera bandada de escribanos nivales, *Emberiza nivalis*, cerca del depósito, blancos y negros, con un trino agudo como un silbido.

Qué contraste entre la calle del pueblo ahora y como era el verano pasado; los frondosos olmos resonaban entonces con el gorjeo de víreos, petirrojos, azulejos, la fogosa oropéndola, etc., que los aldeanos, recluidos en sus casas por el calor, escuchaban a través de las celosías abiertas. Ahora es como una calle de Nueva Zembla, si es que allí tuvieran de eso. Me abro camino hasta la oficina de correos, un viajero tan solitario como es habitual en invierno por un sendero del bosque. La nieve llega hasta media pierna, se acumula contra las casas y las cercas en pilas que alcanzan la altura de mi cabeza y recorren la calle, aquí y allá, como montañas nevadas. No hay ni una huella que parta desde una puerta e indique que los habitantes hayan salido hoy, como tampoco hay huellas de cuadrúpedos en los senderos del bosque. En este momento, a las cuatro de la tarde, todo es nieve pura y virgen, amontonada contra las casas. En un lugar, veo que la pila de nieve tapa la cerca del patio delantero y, desde ahí, va extendiéndose hacia arriba hasta la parte superior de la puerta principal y lo cubre todo. En muchos sitios, la nieve amontonada sube tres o cuatro pies por encima de las puertas principales, hay un buen montón en todas las ventanas y tiñe también de canas los listones. Es como si todos los lugareños hubieran muerto congelados y yo estuviera recorriendo con cuidado las calles desiertas, varias semanas después de la catástrofe. No hay trineos ni vehículos de ningún tipo junto a la presa del molino, salvo un caballo ensillado en el que un granjero ha venido al pueblo. Sin embargo, en el interior están más resguardados y a gusto que nunca. En la oficina de correos preguntan a todos los viajeros por los coches, si algún tren ha subido o bajado, hasta qué altura llega la nieve en tal sitio.

Del escribano nival, Wilson dice que aparece en zonas septentrionales de Estados Unidos «a principios de diciembre, o con la primera nevada intensa; sobre todo, si se ve arrastrado por vientos fuertes». Este día responde perfectamente a esa descripción. El viento sopla del norte. Añade que «se lo considera universalmente el heraldo del tiempo más frío». Baja desde el norte extremo y es habitual en los dos continentes. Cita a Pennant que afirma que «vive no sólo en Groenlandia, sino también en el clima terrible de Spitzbergen, donde la vegetación está casi extinta, y no se encuentran más plantas que unas pocas criptógamas. Provoca asombro, pues, que unas aves que son granívoras en todas las regiones excepto en ésas, totalmente heladas, puedan subsistir. Sin embargo, allí se encuentran en enormes bandadas, tanto en la tierra como en el hielo de Spitzbergen». Pennant dice, además, que en verano «viven en los Alpes lapones» y que «descienden, en las épocas más rigurosas, a Suecia, y llenan los caminos y los campos», motivo por el cual las gentes de las tierras altas los llaman «hardwarsfogel», aves del mal tiempo. También anota que «sobrevuelan en invierno países más meridionales en asombrosas multitudes». Wilson añade que sus colores son muy variables, y que «se observa que la blancura de su plumaje es máxima hacia el corazón del invierno». También dice, fiel a la verdad, que rara vez están parados en un mismo sitio, «al tratarse de aves itinerantes e inquietas». Peabody dice que, en verano, son «de color blanco y negro puro», pero que aquí no se ven de esos colores (aunque los que yo he visto hoy sí lo eran). Dice que aquí son blancos y marrón rojizo. Éstas son para ti las verdaderas aves del invierno, estas bolas de nieve con alas. Apenas podía verlas, por lo colmado que estaba el aire de nieve torrencial. ¡Qué criaturas tan robustas! ¿Dónde pasarán la noche?

El granjero piensa en cuánto cerdo le queda en el tonel, cuánta comida en el arcón, cuánta leña en el cobertizo. Cada familia, quizá, envía antes de que anochezca a un representante, que se abre paso con dificultad hasta la tienda de comestibles o la oficina de correos para enterarse de las últimas noticias, es decir, para oír lo que dicen los demás, quién relata mejor la situación, quién la define mejor, quién se adentra más en ella, quién ha estado más al sur y quién cuenta la historia más completa y adecuada, y después se apresura a volver con las novedades.

Las ideas y asociaciones del verano y el otoño han abandonado ya totalmente nuestra cabeza, igual que el viento arranca las hojas de los árboles. Quedan algunas caducas ya marchitas que crujen y las de nuestros árboles perennes, fríos e inmortales. Algunos pensamientos liquenosos siguen pegados a nosotros.


29 DE DICIEMBRE DE 1855

He seguido las vías del tren hasta las lagunas de Andromeda. Veo un alcaudón volando bajo, por debajo del nivel de las vías, que sube y se posa en la ramita más alta de un olmo, a una distancia de cuatro o cinco varas. Por encima, hasta la mitad de las alas, todo de color ceniza o pizarra azulada, el pecho blanco sucio y una franja ancha y negra a los lados de la cabeza que le pasa sobre los ojos; las primarias son negras, y cuando vuela se ven algunas blancas. Lo más peculiar es el pico, pequeño y ganchudo (mandíbula superior). No emite ningún sonido, sino que revolotea hasta la copa de un roble, algo más lejos. Probablemente, un macho.

### 29 DE DICIEMBRE DE 1856

POR LA TARDE. Al molino de Warren Miles. Debemos salir y volver a aliarnos con la naturaleza todos los días. Debemos echar raíces, al menos una pequeña fibra, incluso todos los días del invierno. Soy consciente de que estoy absorbiendo salud cuando abro la boca al viento. Quedarse en la casa engendra siempre una especie de locura. Toda casa, en este sentido, es un hospital. Una noche y una mañana es toda la reclusión que puedo soportar en esos pabellones. Sé que, casi en el mismo instante en el que salgo, recupero una cierta salud que había perdido.

### 29 DE DICIEMBRE DE 1858

POR LA TARDE. A patinar a donde Israel Rice. Pienso más en los patines que en el caballo o la locomotora como aniquiladores de distancia, pues, aunque avanzo con la velocidad del caballo, tengo al mismo tiempo las satisfacciones del equino y su jinete, y mucha más aventura y variedad que si fuera cabalgando. Nunca dejamos de sorprendernos cuando vemos con cuánta rapidez se desliza el patinador. Sólo hay que compararlo con quien va caminando o corriendo. El caminante no es más que un caracol en comparación y el corredor renuncia a la carrera al cabo de unas cuantas varas. El patinador puede permitirse seguir todas las sinuosidades de un arroyo y, aun así, pronto deja muy atrás y fuera de la vista al caminante que lo atraviesa. La distancia no es apenas obstáculo para él. El patinador lleva alas, como las talarias de Mercurio, en los pies. Además, tiene un control tan perfecto de sus movimientos que puede aprovechar el puente de hielo más estrecho, sinuoso y en pendiente para pasar entre los arbustos de *Cephalanthus occidentalis* y las aguas abiertas, o bajo un puente, por una plataforma estrecha a la que el caminante no logra acceder de ninguna manera. Puede deslizarse a una pulgada de la destrucción sobre esta superficie, la más resbaladiza de todas, con más seguridad que si fueras andando hasta allí sobre, quizá, cualquier otro material. Puede seguir veloz el camino más enrevesado y sinuoso e, incluso, saltar obstáculos que surjan de repente.

H. H. estaba pescando a un cuarto de milla, a este lado del puente de Hubbard. Había sacado un lucio de veintiséis pulgadas de largo, un pez muy hermoso. De color marrón oscuro por encima, amarillo y marrón por los costados y, al final, casi de un amarillo dorado claro por debajo, con el abdomen blanco y las aletas rojizas. Son seres bellos, tanto los lucios en el agua como los tigres en la selva. ¡Qué tragedias se representan bajo esta plataforma muda y helada en los campos! ¡Qué vida tan inquieta y azarosa deben de llevar los peces pequeños, expuestos en todo momento a ser engullidos por los más grandes! Ningún pez de tamaño moderado puede moverse sigiloso y con seguridad en ninguna parte del arroyo, pues es posible que, de pronto, aparezca, desde esta selva o de aquélla, algún monstruo voraz y se lo trague. ¡Cómo pueden confiar los peces padre, si se preocupan por su descendencia, cuando no desaparecen de la vista!

Hacen falta muchos peces por semana para llenar las fauces de este tan grande. ¡Y los grandes! H. H. y sus acompañantes están recostados esperándolos.

29 DE DICIEMBRE DE 1859

Una mañana muy fría. Casi diez grados bajo cero a las ocho, en nuestra puerta. He ido al río justo después del amanecer; he visto un poco de verde en el hielo, y también algo de rosa en la nieve, pero mucho menos que antes de la puesta de sol. ¿Necesitan estos dos fenómenos, pues, una atmósfera tupida? En apariencia, el hielo es más verde cuando el sol lleva veinte o treinta minutos sobre el horizonte.

Desde un lugar llano y abierto subía una buena cantidad de vapor, hasta una altura de doce pies o más, como si saliera de una tetera hirviendo. Es éste un fenómeno propio del tiempo muy frío. No me di cuenta ayer por la tarde. Estos lugares abiertos son una especie de respiraderos del río. Igual que el tiempo frío revela la respiración de un hombre, el frío aún mayor revela la respiración (es decir, aire cálido y húmedo sobre él) del río.

POR LA TARDE. Cuando fui a recorrerlo hacía unos doce grados bajo cero, y cuando volví, diecisiete bajo cero. No he visto salir vapor de los lugares abiertos, como sí pasaba por la mañana, cuando hacía nueve bajo cero (y, también, cuando hacía catorce bajo cero). Cuando el aire está, digamos, a veinte o veintiún grados bajo cero, con el agua a cero grados, se produce una evaporación visible. Existe la misma diferencia, de unos veinte grados, entre el calor del aliento humano y el del aire en el que la humedad del aliento se vuelve visible en forma de vapor. Esto tiene que ver con el punto de rocío. Pero ¿qué hace que el agua de estos espacios abiertos esté tan caliente? ¿Y está más caliente que en otros sitios? Se refleja un calor considerable de un fondo arenoso allí donde el agua es poco profunda y, en estos sitios, el fondo siempre es arenoso y cercano, aunque dudo de que esto haga de verdad que el agua esté más caliente, si bien puede derretir el hielo, más opaco, que lo absorbe. El hecho de que el recodo de Holt, que es profundo, tarde en congelarse, aun siendo estrecho, parece demostrar que es la velocidad del agua y no el calor reflejado lo que evita la congelación. El agua, en apariencia, se mantiene caliente bajo el hielo, hasta llegar a la tierra que no está congelada, y también gracias a un sinfín de manantiales que surge de las entrañas de la tierra.

Nuestra edad de oro debe ser, al fin y al cabo, una época pastoral; entonces seríamos hombres sencillos en la ignorancia y no consumados en la sabiduría. Queremos grandes campesinos más que grandes héroes. El sol brillaría sobre el camino con algún fin si desaprendiéramos nuestros conocimientos y practicáramos la verdad iletrada de aquí en adelante. Crezcamos hasta alcanzar la estatura plena de nuestra humildad antes de aspirar a ser más grandes. Hay poderosas alabanzas en el poeta que dio fama a la agricultura:

«Al renacer la primavera, cuando las frías aguas se deslizan de los nevados montes, y al soplo del céfiro se va abriendo el terruño, empiecen ya mis yuntas a gemir bajo el peso del arado, hondamente sumido en los surcos, y reluzca la reja desgastada en ellos».

Virgilio, *Geórgicas*, i, 43.

Y, de nuevo, cuando el campesino lleva el agua pendiente abajo para recuperar sus cultivos sedientos,

«que, cayendo sobre las guijas, producen un ronco murmullo y templan con sus borbollones los agostados campos».

Ibíd., 109.

Al describir el final de la edad de oro y el comienzo del reinado de Júpiter, dice:

«Despojó a las hojas de los árboles de la miel que destilaban, y ocultó el fuego, y atajó los arroyos de vino, que antes fluían por doquiera, a fin de que el hombre, a fuerza de discurso y experiencia, fuese poco a poco inventando las artes, y buscase el trigo en los surcos y sacase a golpes el fuego escondido en las venas del pedernal».

Ibíd., 131.

## 30 DE DICIEMBRE DE 1841

En el circuito de esta vida laboriosa
hay momentos de un tinte celeste
y tan impolutos y bellos como la violeta
o la anémona, cuando la primavera las esparce
por el sur de un bosque y convierten en falaz
la mejor de las filosofías, que no tiene sino el pobre fin
de consolar al hombre por los agravios que aquí sufre.
He recordado, tras llegar el invierno,
arriba, en mi habitación, en las noches gélidas,
que el verano pasado
algún rayo de luz desapercibido caía oblicuo
en un pastizal de las tierras altas donde crecía el hipérico,
u oído, entre el verdor de mi cabeza,
el zumbido, hace ya mucho sofocado, de la abeja;
así, gracias a la asequible frugalidad de Dios,
me hice rico para regresar a mi trabajo invernal.

Cuando la nieve cae rápida y espesa, los copos que tienes más cerca parecen ir directos al suelo, mientras que los más distantes parecen flotar en el aire, en una nube trémula, como plumas o pájaros jugando, y no como si los hubieran mandado a un recado. Así pues, a poca distancia, todas las obras de la naturaleza transcurren mediante el juego y la diversión. Están más en el ojo y menos en el hecho.

### 30 DE DICIEMBRE DE 1851

Esta tarde, estando en la colina de Fair Haven, oí el ruido de una sierra y, poco después, desde el risco, vi a dos hombres que estaban serrando un noble pino más abajo, a unas cuarenta varas, el último de diez o doce que habían quedado cuando se taló el bosque, y que llevaba quince años meciéndose con solitaria majestuosidad sobre la tierra replantada. Los vi como castores o insectos royendo el tronco del ilustre árbol, muñecos diminutos con una sierra de corte transversal que apenas podía abarcarlo. Se alzaba cien pies, según averigüé después midiéndolo, uno de los más altos, probablemente, de todo el condado, y era recto como una flecha, aunque con una leve inclinación hacia la ladera, la copa visible frente al río helado y la colina de Conantum. Observo con atención para ver cuándo empieza a moverse. Entonces, los leñadores se detienen y, con un hacha, lo abren un poco por la parte hacia la que está inclinado, para que se quiebre más rápido, y la sierra comienza de nuevo su trabajo. Ya está a punto de ceder, sin duda; tiene una inclinación de un cuarto del cuadrante, y contengo la respiración esperando la estrepitosa caída. Pero no, me había equivocado. No se ha movido ni un ápice. Está en el mismo ángulo que al principio. Faltan aún quince minutos para que caiga. Sus ramas siguen oscilando al viento, como si el pino estuviera destinado a seguir en pie un siglo más, y el viento susurra entre sus agujas como antaño; sigue siendo un árbol de bosque, el más majestuoso que se mece sobre el Musketaquid. El lustre plateado del sol se refleja en sus agujas, aún ofrece una horcadura inaccesible para el nido de la ardilla, ni un solo liquen ha abandonado el mástil de su tronco, ahora inclinado; la montaña es el casco. Ya, ya ha llegado el momento, los muñequitos que hurgan en la base huyen de su delito. Han soltado la sierra y el hacha, culpables. Con cuánta lentitud y señorío empieza a moverse, como si lo meciera únicamente una brisa estival y volviera sin un suspiro a su posición, y ahora abanica la ladera con su caída, y se recuesta en su lecho del valle, del que no va a levantarse jamás, tan suave como una pluma, envolviéndose en su manto verde como un guerrero, como si, cansado de estar de pie, abrazara la tierra con un goce silencioso y devolviera sus elementos al polvo. Pero ¡atención!: sólo lo has visto, no lo has oído. Ahora llega un estrépito ensordecedor contra esas piedras que anuncia que ni siquiera los árboles mueren sin un quejido. He bajado para medirlo. Tenía cuatro pies de diámetro allí donde lo han serrado, y unos cien de largo. Antes de que llegara, los leñadores ya lo habían despojado de la mitad de sus ramas. La copa, que con tanta gracia se abría antes, era ahora una ruina absoluta sobre la ladera, como si hubiera estado hecha de cristal, y las tiernas piñas de un año que había en lo más alto imploraban, en vano y demasiado tarde, la clemencia del leñador. Éste ya lo ha medido con el hacha y señalado los leños que va a sacar de él. Es madera. Cuando el primer halcón de la primavera regrese a las orillas del Musketaquid, sobrevolará en vano su posadero habitual y lamentará la muerte de los pinos cuya altura protege su nidada. No oigo ningún toque de difuntos, no veo ningún desfile de dolientes en las calles ni en los pasillos del bosque. La ardilla ha saltado a otro árbol, el halcón se ha marchado más lejos y ya ha instalado su nido en un nuevo lugar bien alto, pero el leñador está preparándose para apoyar su hacha también en la raíz de ese otro.

### 30 DE DICIEMBRE DE 1853

En invierno, todos los hombres están, hasta cierto punto, dormidos, igual que algunos animales sólo están despiertos parcialmente, aunque no suelen clasificarse junto con los que hibernan. Las circulaciones del verano se detienen en cierta medida, el alcance de su paseo vespertino se restringe, queda más o menos confinado al camino y al sendero del bosque; el clima lo encierra más a menudo en su madriguera, empieza a notar la llegada de la inactividad y a adoptar la forma esférica de la marmota, las noches son más largas, suele quedar satisfecho con sólo ir a la oficina de correos en el transcurso del día. Los viajeros árticos se ven obligados a inventar entretenimientos activos y a obstinarse en participar en ellos para mantenerse despiertos y con vida. Incluso nuestra experiencia se asemeja en parte a ese pasar el invierno con la manada.

## 30 DE DICIEMBRE DE 1856

Qué buena prueba de civilización o de la capacidad para mejorar es, al fin y al cabo, que unos salvajes como nuestros indios, quienes, en sus largas guerras, matan con sigilo a hombres, mujeres y niños sin piedad, con un placer intenso, que se complacen en quemarse, torturarse y devorarse entre sí, con lo que a estos respectos demuestran ser más inhumanos incluso que las bestias, qué maravillosa prueba es, digo, de su capacidad para mejorar que incluso ellos puedan alcanzar el más formal de los acuerdos o tratados de paz, enterrar el hacha de guerra, etc. y tratarse unos a otros con tanta consideración como los estados más ilustrados. Diríase que tienen para la diplomacia el mismo genio que para la guerra. Pensemos en ese iroqués que tortura a su prisionero, lo asa a fuego lento, le arranca los dedos a bocados mientras aún está vivo y, por último, devora su corazón cuando ya ha muerto, con lo que revela carecer del más mínimo rastro de humanidad, y ahora contemplémoslo en la cámara del consejo, donde se reúne con los representantes de la nación hostil para tratar la paz, y se comporta con perfecta dignidad y decoro y revela un enorme sentido de la justicia. Estos salvajes son iguales que nosotros, los hombres civilizados, en sus tratados, y me temo que no son esencialmente peores en sus guerras.

### 30 DE DICIEMBRE DE 1859

POR LA TARDE. Al pasar por donde D., veo un alcaudón posado en la punta de la rama más alta y recta de un cerezo inglés, delante de su casa, en pie sobre el brote más alto, balanceándose de cuando en cuando con un leve movimiento de la cola. Ya he observado antes esta costumbre. Cabría pensar que a un ave tan grande le resulta incómodo mantenerse allí posada. Mi paso por el camino lo asusta y sale volando, y miro a ver si se posa en un sitio similar. Vuela hasta un olmo joven, cuyas ramitas superiores son mucho más finas, aunque no tan rectas como las del cerezo, y creo que estaría justificado que eligiera en el lateral de una; pero no, para mi sorpresa, se posa sin problemas en lo más alto de una de las más elevadas, y mira a su alrededor como antes.

Qué fenómeno tan distinto es una rata almizclera ahora, comparada con lo que es en verano. En estas fechas, si alguna va flotando o nadando, con todo el lomo fuera del agua, o sale reptando del hielo por uno de esos estrechos óvalos de agua, de unas veinte varas de largo (con el tiempo tranquilo, espejos lisos), enmarcados por una amplia extensión de hielo o de nieve aún más blanca, se la ve al instante, igual de notoria (o más) que una mosca en el cristal de una ventana o en un espejo. Pero, en verano, ¡cuántos centenares reptan por la ribera herbosa o se zambullen en el largo río ocultas para el barquero!

## 30 DE DICIEMBRE DE 1860

Resulta extraordinaria la universalidad, en lo que respecta al suelo y la exposición a los elementos, con que se distribuye entre nosotros la familia de los arándanos. En todos los suelos y lugares hay algún tipo que prospera. El arándano azul de Pensilvania y Canadá, especialmente, en sitios elevados, frescos y aireados, sobre colinas y montañas, en claros del bosque y en zonas replantadas, el alto en ciénagas y el bajo en lugares intermedios, o casi en todas partes menos cerca de los pantanos. La familia, así pues, se extiende desde las más altas cumbres hasta las ciénagas más bajas, y constituye el principal matorral de gran parte de Nueva Inglaterra. Esto es cierto no sólo con respecto a la familia, sino a otras plantas emparentadas con el género *Gaylussacia*, o con el arándano propiamente dicho. No conozco un solo sitio de este entorno en el que crezcan arbustos y no haya además alguna especie o variedad de *Gaylussacia*. Tal es el celo que ha tenido la naturaleza para proveer a aves y cuadrúpedos, y también a los hombres, de estas deliciosas bayas, levemente modificadas por el suelo y el clima, allí donde resulte que se encuentre el consumidor. El maíz y las patatas, las manzanas y las peras, en comparación, proliferan menos, pero podemos llenar nuestra cesta de arándanos en las cumbres del monte Washington, por encima de casi todos los arbustos que conocemos, del mismo tipo que tienen en Groenlandia, y, de nuevo, cuando lleguemos a casa, en las ciénagas más bajas, de una clase que el groenlandés no encuentra nunca. Primero está el arándano azul temprano y enano, el más pequeño de los arbustos de arándano y el que antes da su fruto, que no suele estar erguido, sino más o menos reclinado, y que a menudo cubre la tierra con una especie de estera densa. Sus ramitas son verdes, y las flores, por lo común, blancas. Tanto el arbusto como su fruto son los más tiernos y delicados que tenemos. El *Vaccinium canadense* puede considerarse una versión más septentrional de esta variedad. Unos diez días después, llega el arándano azul alto, o arándano azul de las ciénagas, el arbusto resistente más común de nuestros cenagales, no pocos de los cuales me he visto obligado a cortar mientras tendía cuerdas en las labores de agrimensura de bosques bajos. Son un indicio casi seguro de la presencia de agua y, cuando veo sus densas copas curvas por delante de mí, me preparo para vadear o para mojarme un pie. Las flores desprenden un aroma agradable, dulce y muy prometedor, y arrancar un puñado y comérselas deja un sabor acidulado, agradable para algunos paladares. Al mismo tiempo que este último, madura el arándano azul bajo común. Es un arbusto más fino, erguido, con unas pocas ramas largas, como varas, corteza verde y hojas verdes glaucas, y los brotes recientes son de color carmesí. Las flores tienen un notable matiz rosáceo, un tono delicado. Los dos últimos tipos presentan una floración más densa que los demás. El arándano negro es un arbusto erguido, más o menos robusto según su exposición al sol y al aire, con una copa extensa y frondosa, corteza de color marrón oscuro y hojas gruesas; los brotes recientes son rojos. Las flores son mucho más rojas que las de los demás.

Igual que, en épocas antiguas, quienes habitaban los páramos, lejos de las ciudades, tardaban en adoptar las doctrinas que en ellas prevalecían, y por lo tanto recibían el apelativo de bárbaros, quienes habitamos los prados de arándanos, que son nuestros páramos, somos lentos en adoptar las ideas de los grandes pueblos y ciudades, y quizá se nos apode «gentes de los arándanos». Pero lo peor es que a los emisarios de las ciudades les importan más nuestras bayas que a nosotros sus doctrinas. En aquellos tiempos, la raza misma tenía mala reputación, y *pagano* no era más que otro nombre para el bárbaro.

Todas nuestras colinas son o han sido de arándanos: las tres de Boston y, sin duda, la de Bunker.

En mayo o junio, todas estas colinas y campos se adornan con una profusión de hermosas florecillas, de forma más o menos acampanada, de esta familia, que suelen estar vueltas hacia la tierra, con un tono más o menos rojo o rosa, y tomadas por el zumbido de los insectos; cada una de ellas es la precursora de una baya, la más natural, saludable y deliciosa que puede producir la tierra. El arándano azul bajo temprano, al que llamaré «bleuet», adoptando el nombre de los canadienses, es, probablemente, el tipo de arándano más habitual de Nueva Inglaterra, pues los de las familias *Vaccinium* y *Gaylussacia* son desconocidos en muchas partes.

En numerosos pueblos de Nuevo Hampshire, una cumbre cercana suele ser el campo de arándanos comunal de muchas aldeas y, en temporada, estará llena de recolectores. Un centenar correrá a la vez hacia allá, desde las aldeas circundantes, con baldes y cubos de todo tipo, sobre todo en domingo, que es su día de asueto. Acampado en un sitio así, creyéndome fuera del mundo, he visto mi soledad inesperadamente interrumpida por tal compañía, y descubierto que los días entre semana eran los únicos *sabbat* de la zona. Las cumbres de Nuevo Hampshire, que a menudo quedan por encima de las nubes, se cubren así de este hermoso fruto azul con mayor profusión que en ningún huerto.

Qué importa que se talen los bosques. La naturaleza ya había previsto hace mucho esta emergencia y está preparada para ella, y no se permite que el *interregnum* sea estéril. Está llena de recursos y no sólo empieza al instante a sanar esa herida, sino que nos consuela y refresca con frutos que el bosque no producía. Igual que se dice que la madera de sándalo esparce su perfume sobre el leñador que la tala, en este caso, la naturaleza recompensa con frutos inesperados a la mano que la ha asolado.

## 31 DE DICIEMBRE DE 1837

Así como la gota de vino más ínfima tiñe todo el cáliz, la partícula de verdad más tenue colorea toda nuestra vida. Nunca está aislada ni se limita a sumarse como un tesoro a nuestro haber. Cuando se logra un auténtico avance, desaprendemos y aprendemos de nuevo todo lo que creíamos saber antes.

## 31 DE DICIEMBRE DE 1840

Debe haber espiración además de inspiración. No debemos caminar de puntillas, sino dilatarnos de manera saludable en toda nuestra circunferencia sobre las plantas de nuestros pies. Si la inspiración se repite largo tiempo sin espiración, no será mejor que ésta o, sencillamente, nos llevará a perder el aliento. En el hombre sano, por cada inspiración habrá una espiración proporcionada, que sirve para que su idea tome forma y confiera su tono al carácter. De la misma manera, cada vez que levanta jubiloso el pie, vuelve a bajarlo con firmeza, y se alza mejor asentado sobre el suelo gracias precisamente a su independencia con respecto de éste. Debemos hincar fuerte el talón, con la planta y los dedos de los pies en horizontal hacia la tierra. Que no sea la nuestra una virtud lavada, a la manera de una vestimenta impoluta, sino sucia, como una flor fresca; no un atuendo inmaculado de domingo, sino, mejor, uno manchado de diario.

31 DE DICIEMBRE DE 1850

Es evidente que las charas azules se avisan unas a otras de la presencia de un intruso; a veces, dan lugar a un gran charloteo por tal motivo y, de esta manera, comunican la alarma a otras aves y bestias.

31 DE DICIEMBRE DE 1851

Tercer día de calor; ahora se ha cubierto y empieza a lloviznar. Aun así, sigue subiendo tanto el ánimo como el día más despejado, aunque de seguro el sol no va a brillar. Se entrevé una luz latente en la neblina, como si el aire contuviera más electricidad de lo habitual. Hay días cálidos y neblinosos en invierno que nos emocionan. Este tiempo espeso, como primaveral, me recuerda que no he valorado ni atendido lo suficiente la claridad y luminosidad puras de los cielos invernales. ¿Veré alguna vez en las noches de verano un trecho de cielo azul tan delicioso, en contraste con el ámbar, como el que vi hace unos cuantos días? En invierno, el cielo diurno es equiparable, en claridad, al cielo nocturno en el que las estrellas brillan y parpadean con llamativo fulgor en esta latitud.

He estado observando esta tarde a la anciana irlandesa de la choza del bosque, sentada sobre el suelo gélido y duro de la ladera, que está ahora deshelándose, con la cabeza desnuda bajo la lluvia, tejiendo. Sale como la marmota, ante la más mínima insinuación de un tiempo más cálido, mientras yo camino en silencio, envuelto en un grueso abrigo y debajo de un paraguas. No tendrá que ir muy lejos para que la entierren, de tan cerca que vive de la tierra. Estos irlandeses están naturalizándose a gran velocidad y amenazan con terminar desplazando a los yanquis, igual que éstos hicieron con los indios. Su proceso de aclimatación es rápido.

En el bosque hay una niebla baja. Es un buen día para estudiar los líquenes. Las vistas son tan reducidas que te obligan a fijar la atención en los objetos cercanos, y el fondo blanco revela con nitidez los discos de los líquenes. Se ven más sueltos, fluidos, expandidos, aplanados, los colores más brillantes por la humedad. Los líquenes redondos de color amarillo verdoso de los pinos estrobos surgen entre la neblina (o se entrevén) como escudos cuyas divisas leerías de buen grado. Los árboles aparecen de repente cubiertos de líquenes y musgos de todo tipo. Éste es su solsticio, y tus ojos recorren con rapidez la neblina sólo en busca de estas cosas. Incluso en todas aquellas ramitas caídas que han estado bajo la nieve, así como en los árboles, se ven erguidos, y ahora, por primera vez, han alcanzado su extensión plena. La naturaleza tiene un día para cada una de sus creaciones. Hoy se inaugura una exposición de líquenes en la Sala del Bosque. El verde furioso de algunos y el fruto de otros eclipsan los árboles que recubren; los rojos en forma de garrote (semejantes a un baobab), en los tocones, los tocones carmesí; ah, qué bella es la descomposición. Es cierto, como dijo Tales, que el mundo se hizo a partir del agua. Ése es el principio de todas las cosas.

¿No estoy abierto a mis amigos? El dueño del joyero es quien lo abre y lo cierra. Tratad a vuestros amigos por lo que sabéis que son. No tengáis en consideración lo que se queda en la superficie. Pensad no en lo que han hecho, sino en lo que pretendían. Estad seguros de que los conocéis a ellos tan bien como ellos os conocen a vosotros. Anoche traté mal a mi más querido amigo. Aunque encontré algún modo de excusarme, no es la excusa que, en esas circunstancias, hubiera podido aducir con tantas palabras. Al instante, me culpé y busqué una oportunidad para la reparación, pero el amigo me evitó y, con mayor ternura aún que antes, me vi obligado a marcharme. Y ahora, esta mañana, me parece que es demasiado tarde para hablar de esa nimiedad; además, en este momento, en la fresca mañana, dudo de que tenga derecho a dar por supuesta una relación tan íntima y seria que justifique la disculpa que había concebido, pues incluso la magnanimidad debe pedir un campo a esta pobre tierra. Hasta las virtudes esperan una invitación. Sin embargo, estoy decidido a llegar a conocerlo hasta su mismo centro, para lo bueno y para lo malo, y, aunque nos comportemos con frialdad mutua, aunque no volvamos a hablarnos nunca, sabré que puede existir un amor interno y esencial por debajo de la frialdad superficial, y que las leyes de la atracción hablan más alto que las palabras. Mi verdadera relación en este instante será mi disculpa por mi falsa relación en el instante pasado. Me apresuro en sacudirme mi injusticia como si fuera caspa. Me pertenece menos que a otro. Ya basta. Que el amigo que está quieto, vacila y pide disculpas se la apropie. Me parece que nuestro distanciamiento es sólo como la divergencia de las ramas que se unen en el tronco.

Esta noche, he oído a la señora X hablar sobre la condición femenina. El aspecto más importante de su charla fue que la estuviera pronunciando una mujer y, a ese respecto, resultó sugerente. Fui a verla después, pero el encuentro no añadió nada a mi impresión; más bien, le restó algo. Al fin y al cabo, era una mujer, en el sentido más habitual. Había que disparar cargas pequeñas. No quise meter baza ni una sola vez, por miedo a arrasar con toda su propuesta y, así, ponerle fin al juego. Había que sustituir la razón y el argumento por la cortesía. No hace falta nada más que la caballerosidad para mantener una conversación con una dama. Salí de allí con el texto de su charla en el bolsillo, envuelto en su pañuelo. Mi bolsillo sigue aún oliendo a perfume. La campeona de los derechos de la mujer todavía te pide que seas un galán. No puedo lanzar una salva por miedo a que algunas de las armas se disparen. Tuve que descargar todos los rifles en la batería de la verdad y disparar únicamente pólvora y guata. Verdaderamente, el corazón es sólo para raras ocasiones; el intelecto ofrece la diversión más constante. Sólo serviría para hacerle sentir el aire movido por la bala. Temo que, hasta el final, las charlas de las mujeres exigirán de los hombres, sobre todo, cortesía.

Unos pinos desnudos se alzan en los claros sin un viejo manto con el que envolverse; sólo quedan intactos los ápices de las piñas, que cuentan una triste historia sobre los compañeros que los arropaban. Así es como se alza un hombre. Con un claro en derredor y sin compañeros en las colinas. El viajero solitario, al mirar hacia arriba, se pregunta por qué quedó él cuando se llevaron a los otros.

## 31 DE DICIEMBRE DE 1853

Una vista notable la del paisaje nevado, las cercas y arbustos semienterrados y el cálido sol por encima. La ciudad y el campo están ahora en completo silencio, sin el traqueteo de los carros ni el tintineo de las campanillas de los trineos, y las pisadas parecen hechas por pies envueltos en lana. En días como éste, el cacareo de un gallo se oye, bien claro, desde muy lejos. Aún quedan ciertos sonidos que no dejan nunca de conmoverme, el canto del zorzalito maculado y el sonido de un acorde al vibrar. Me conmueven como otros muchos lo hacían antes a menudo y como casi todos deberían. Los compases del arpa eólica y los del zorzalito maculado son los predicadores más auténticos y nobles que aún quedan sobre la tierra. No conozco a ningún misionero para nosotros, los paganos, que pueda compararse a ellos. Por así decirlo, nos elevan a pesar de nosotros mismos. Nos embriagan y hechizan. ¿Dónde se mezcló ese compás en el que se vertió este mundo, como un terrón de azúcar, para endulzar el trago? Quisiera estar siempre ebrio, ebrio, ebrio de él hasta la muerte. Quien tenga oídos, que oiga. El contacto del sonido con un oído humano cuya audición sea pura y sin defectos es igual que un éxtasis. El azúcar no es tan dulce al paladar como el sonido a un oído sano. Oírlo vuelve a los hombres valientes. Sólo estas cosas me recuerdan mi inmortalidad, que, de lo contrario, se convierte en una fábula. Cuando oigo, me doy cuenta y veo claramente lo que en otros momentos no recuerdo más que de forma vaga. Comprendo el valor de la extensión de la tierra y de la profundidad del cielo. Me otorga la libertad de todos los cuerpos, de toda la naturaleza. Dejo mi cuerpo en un trance y acompaño al céfiro y a la fragancia.

Walden se ha congelado por completo esta noche pasada. Es, sin embargo, nieve helada, pues se congeló mientras nevaba con intensidad. Parece levadura solidificada. Fui caminando por el bosque, a través de la nieve, cuyo espesor medio era, sin duda, muy superior a dos pies allí por donde pasé. He visto lo que parecía ser el rastro de una nutria, muy ancho y profundo, como si alguien hubiera arrastrado un tronco. Era casi tan visible como un rastro humano; se formó antes de la nevada de anoche. Aquí y allá, la criatura se metió debajo de la nieve, unos cuantos pies, hacia donde están las hojas. Probablemente, no habría visto la más mínima huella de este animal de no ser por la nieve, esa gran reveladora.

He descubierto en los árboles, bien alto, varias madrigueras de ardilla, hechas con hojas de roble, y, justo después, una ardilla gris que saltaba por unas ramas y hacía caer la nieve con las sacudidas. Bajó corriendo del roble por la parte opuesta a mí, pasó sobre la nieve, subió a otro roble alto y delgado, que estaba desnudo, también por el lado contrario al que yo ocupaba, saltó unos cuatro pies hasta un pino estrobo, luego subió más alto hasta su copa verde y tupida y se quedó colgada en absoluta inmovilidad. Hizo todo esto para ocultarse, aunque se vio obligada a acercarse a mí para lograr su objetivo. Sus patas delanteras sólo dejaron una huella en la nieve, de unas tres pulgadas de ancho, y las traseras otra similar, separadas entre sí un pie o más, y había dos muescas nítidas por delante y otras dos, más leves, detrás de cada huella. Esta marca la genera al correr, pero no estoy del todo seguro de que las cuatro patas no vayan juntas. Había muchos hoyos en la nieve allí donde había bajado hasta las hojas para recoger bellotas, que se había comido en la ramita más cercana al tiempo que dejaba caer pedacitos de cáscara en la nieve, además de trozos de liquen y corteza. Reparé en los trozos de cáscara de bellota que había junto a los hoyos en muchos puntos. En ocasiones, dejaba un rastro estrecho y continuo en la nieve, como el de una rata almizclera pequeña, allí por donde había caminado o pasado varias veces, y se metía debajo unos cuantos pies y volvía a salir.

### 31 DE DICIEMBRE DE 1854

POR LA TARDE. Por el río, hasta la laguna de Fair Haven. Un día bonito, despejado, no muy frío. Sobre la nieve, las sombras son de color añil. Los pinos parecen muy oscuros. Las hojas del roble blanco son de color canela; las hojas del roble negro, de color marrón rojizo o cuero. Una perdiz se alza desde los alisos y planea sobre el río en su parte más ancha, justo por delante de mí; un espectáculo magnífico. Qué gloriosas son la perfecta quietud y la paz del paisaje invernal.

ENERO

El esplendor de estas tardes, aunque el cielo esté casi por entero cubierto de nubes, se halla en los retazos que se ven en el poniente, de un azul transparente indescriptible, cuando no de un amarillo verdoso pálido, justo antes de la puesta de sol. La capa del cielo, vista de una vez, nunca es tan deliciosa: las ventanas de la tierra que dan al cielo. El final del día es verdaderamente hesperio.

A veces nos damos cuenta de que estamos llevando una vida rápida, improductiva e, incluso, tosca, igual que nos descubrimos comiendo nuestros alimentos con una prisa incomprensible. Pero, en cierto sentido, no podemos vivir de forma demasiado pausada. No deseo vivir como si el tiempo fuera breve. Hay que captar el ritmo de las estaciones, disponer de un tiempo ocioso para asistir a todos los fenómenos de la naturaleza y para contemplar todos los pensamientos que nos vengan a la mente. Que la vida sea un avance pausado a través de los dominios de la naturaleza, incluso en casas de huéspedes.

La pregunta no es adónde ha ido el viajero, qué lugares ha visto, pues sería difícil elegir entre esos sitios, sino quién era el viajero, cómo ha viajado, si sus vivencias han sido auténticas. Pues viajar es, las más de las veces, similar a quedarse en casa, por lo que la pregunta ha de ser cómo vive y se comporta uno en su casa. Lo que quiero decir es que sería difícil decidir entre viajar al lago Superior, a Labrador o a Florida. Quizá ninguno de estos sitios merecería la pena si fuera a ellos del modo acostumbrado. Pero, si viajo de manera sencilla, primitiva, original, manteniendo una relación más fiel con los hombres y la naturaleza, si me aparto de lo viejo y lo ordinario, si consigo una experiencia de vida auténtica, si me alejo de lo conocido y de la nostalgia, pierde importancia adónde voy y cómo de lejos. De este modo, consigo ver el mundo desde un punto de vista nuevo y más imponente. Tal vez sea más fácil llevar una vida verdadera y natural mientras se viaja, pues al moverte puedes ser menos torpe que cuando estás quieto.

II DE ENERO DE 1857

Durante una época, estuve ofreciéndome como conferenciante. Me anunciaba como tal. Sin embargo, un año no tuve más que dos o tres invitaciones para impartir charlas, y otros, ninguna en absoluto. Me felicito por que se me haya permitido, de este modo, quedarme en casa. Gracias a ello, soy mucho más rico. No sé qué cosa de gran valor habría obtenido, excepto el dinero, a cambio de ir de un lado para otro. Pero sí sé lo que habría perdido. Creo que, así, tengo el aliciente de una vida más larga y abundante. No puedo permitirme ir contando mi experiencia; sobre todo a quienes, quizá, no se interesen por ella. Lo que deseo es acumular experiencias. Es como recomendarle a un oso que deje su tronco hueco y se pase el invierno rascándose en todos los troncos huecos del bosque. En primavera estaría más flaco que si se hubiera quedado en casa lamiéndose las garras. En cuanto a quienes asisten a las conferencias, lo que yo piense no es de su incumbencia. Percibo que a la mayoría le va de maravilla en sus relaciones, más o menos personales o directas, con otros hombres cuando se presentan ante ellos como conferenciantes, escritores o personajes públicos. Pero a mí todo esto me resulta impertinente e improductivo. Nunca obtengo el reconocimiento, ni lo he obtenido, de una multitud. Jamás he tenido asegurada su existencia, como ellos tampoco la mía.

Había sensatez e incluso poesía en la respuesta del negro al hombre que trataba de persuadirlo de que los esclavos no estarán obligados a trabajar en el cielo: «A otro perro con ese hueso, jefe, que yo sé cómo son las cosas. Si ahí arriba no hay trabajo para la gente de color, algo inventarán, y si no hay nada mejor que hacer, los pondrán a limpiar las nubes. A este de aquí no lo engañas, jefe».

El otro día, estuve describiendo lo que conseguí en un paseo solitario y remoto por el bosque, fuera del pueblo. No voy allí en busca de la cena, sino en busca de ese alimento que éstas sólo me permiten seguir disfrutando, sin el cual las cenas no son sino una vana repetición. Pero qué poco pueden ayudarme los hombres en esto, al no tener más que una experiencia similar. De qué sirve hablarles de mi felicidad. Así, si alguna vez encontramos algo importante que decir, podría ir precedido de la observación: «No tiene nada que ver con vosotros. No os incumbe, lo sé». Eso es lo que podría denominarse «andar con buena compañía». Nunca he coincidido con ningún hombre tan alentador y enriquecedor, tan infinitamente sugerente, como el silencio y la soledad del prado de Well Meadow. Los hombres me consideran incluso extraño y perverso porque no prefiero su compañía a la de esta ninfa o dios de los bosques. Pero lo he intentado. Me he sentado incluso con diez o doce en un club. No me motivaron. Uno u otro castigaban nuestros oídos con muchas palabras y unas pocas ideas que no eran suyas. Había muy poca bondad genuina y patente. Somos unos vanos farsantes. Perdí el tiempo. Pero, ahí fuera, ¿quién va a criticar a ese acompañante? Es como la piedra de amolar para el cuchillo. Me baño en ese elemento y me limpio de toda impureza social.

Exijo a mi acompañante alguna prueba de que haya viajado más allá de las fuentes del Nilo, de que haya estado fuera de la ciudad, fuera de la casa, no que pueda contar una buena historia, sino que sea capaz de guardar un buen silencio. ¿Ha atendido a un silencio más significativo que cualquier historia? ¿Alguna vez se ha salido del camino por el que transitan todos los hombres y los insensatos? Quizá os consideréis buenos viajeros, pero ¿podéis ir más allá de la influencia de un determinado tipo de ideas?

## 11 DE ENERO DE 1859

A las seis de la mañana hacía treinta grados bajo cero y quizá incluso menos, pero no puedo saberlo, pues el mercurio de nuestro termómetro se ha metido en el bulbo. Hoy, de camino a Boston, descubro que las grietas que anoche se abrieron en la tierra son el tema de conversación en los coches y que ha sido bastante generalizado. Veo muchas grietas en Cambridge y en Concord. Parece evidente, pues, que la tierra se agrieta con el advenimiento de un frío extremo. Lo mismo ocurrió cuando fui a Amherst hace uno o dos inviernos.

## 11 DE ENERO DE 1861

Horace Mann me trae el contenido del estómago de un cuervo metido en alcohol. Fue abatido en el pueblo hace uno o dos días. Es una buena masa de pulpa y piel de manzana congelada y descongelada, con numerosas semillas de col de mofeta, de un diámetro de un cuarto de pulgada o menos, por lo general, de color marrón claro o negruzco por fuera, parecidas a trozos de bellota, ninguna entera o siquiera por la mitad, y dos huesecillos como de rana, ratón o renacuajo. También, un guijarro, de un cuarto de pulgada de diámetro, difícil de distinguir, por su aspecto, de las semillas de col.

## 12 DE ENERO DE 1852

A veces creo que podría salir a caminar con ardor y seriedad y llevar una vida más trascendental, vivir una experiencia espléndida, pasar mucho más tiempo fuera, con el calor y el frío, día y noche, vivir más, gastar más atmósferas, estar agotado a menudo, etc. Pero enseguida me asalta este pensamiento: no te alejes tanto de tu camino en busca de una vida más auténtica, sigue siempre hacia adelante y no te salgas del sendero que te señala tu conciencia, haz las cosas que tienes más cerca, pero que son difíciles de hacer, lleva una vida más pura, reflexiva y laboriosa, más fiel a tus amigos y vecinos, más noble y magnánima, y eso será mejor que un paseo exaltado. Vivir en relaciones de verdad y sinceridad con los hombres es habitar un país fronterizo. ¡Qué agreste y solitaria sería esa naturaleza! ¡Qué Saguenays[9] de magnanimidad por explorar! Los hombres hablan sobre viajar de este modo y

[9] Río del sureste de Canadá, en Quebec, que discurre entre los lagos de Saint John y Saint Lawrence, de doscientos kilómetros de longitud.

de aquel otro, como si la vista estuviera sólo en los ojos, y un hombre pudiera relatar suficientemente aquello que ha presenciado, cuando en realidad la vista depende siempre del ser. Todo relato de un viaje es el relato de una victoria o una derrota, de una pugna con todo acontecimiento y fenómeno y de cómo se sale de ella. Un hombre ciego que posea verdad interior y coherencia verá más que otro que tenga los ojos sanos pero carezca de un alma seria y laboriosa o enérgica para mirar a través de ellos. Como si los ojos fueran la única parte del hombre que viajara. Los hombres convierten sus propiedades en dinero, los sacerdotes caen enfermos para conseguir la ayuda de su parroquia, todos regatean con los capitanes de navío, etc., como si el único propósito fuera ser llevado a alguna parte del mundo, un simple par de ojos. Un telescopio transportado hasta el cabo de Buena Esperanza e instalado allí, a un alto precio, sin nadie más que un bosquimano para mirar a través de él. Nada como un poco de actividad, llamada vida, aunque sólo sea caminar mucho durante un día, para mantener el ojo en forma: no hay un colirio igual.

12 DE ENERO DE 1855

POR LA TARDE. A la laguna de Flint por el prado de Minott. Tras una leve nevada por la mañana, veo aquí y allá el cielo azul. El sol va asomando. El día está tranquilo y templado. La tierra, desnuda en dos terceras partes. Camino junto al arroyo Mill, por debajo de lo de Emerson, y lo observo en busca de vida. Quizá lo que más nos conmueve en invierno es alguna reminiscencia del remoto verano. ¡Cuánta belleza en los arroyos que corren! ¡Cuánta vida! ¡Cuánta compañía! El frío es meramente superficial. En el corazón, sigue siendo verano. Dentro, muy muy dentro, está en el graznido del cuervo, en el cacareo del gallo, en el calor del sol en la espalda. Oigo el casi imperceptible llamado de un córvido, lejos, reverberando desde algún lugar del bosque que no alcanzo a ver, como amortiguado por el vapor que, como si fuera primavera, el sol levanta de la tierra. Se mezcla con el leve runrún que llega del pueblo, el sonido de los niños que juegan, igual que un arroyo se vierte con delicadeza en otro y lo salvaje y lo domesticado se vuelven uno. ¡Qué sonido tan delicioso! No es sólo un cuervo que grazna a otro cuervo, pues también está hablándome a mí. Formo parte, con él, de una criatura inmensa. Si él tiene voz, yo tengo oídos. Lo oigo cuando llama y me he prometido no dispararle ni arrojarle piedras si me grazna todas las primaveras. Por un lado, tal vez, está el sonido de los niños en el colegio, recitando el abecedario; por otro, lejos, en el horizonte bordeado de bosques, el graznido de los cuervos en su feliz retiro eterno, fuera, en su largo recreo, niños a los que han dejado salir, mientras el vapor, como el incienso, asciende desde todos los campos de la primavera (si fuera primavera). Bendice, alma mía, al Señor, bendícelo por lo salvaje, por los cuervos que no se posarán donde puedan alcanzarlos las balas, y bendícelo también por las gallinas, que cacarean y cloquean en el patio.

El señor Farmer me trae una rapaz que, según cree, le ha atrapado ya treinta o cuarenta pollos desde el verano, pues tantos son los que ha perdido y ha visto un ave igual que ésta llevarse algunos. Cree haber visto a esta misma posada durante largo rato en un árbol, alto o bajo, cerca de sus tierras, y, cuando, al final, una gallina o un pollo del año se alejaba del resto, la rapaz se acercaba planeando, lo atrapaba sin detenerse y se lo llevaba, sin que el pollo lo hubiera visto siquiera aproximarse. La encontró enganchada por una pata, y muerta por congelación, en una trampa para visones que había puesto junto a un manantial, con un cebo de pescado. Mide diecinueve por cuarenta y dos pulgadas y es, según Wilson y Nuttall, un ejemplar joven de *Buteo lineatus*, o busardo hombrorrojo. Según el libro *Birds of Long Island*, ésta es ya adulta. Nuttall dice que se alimenta de ranas, cangrejos de río, etc. y que no se adentra mucho en el norte, ni siquiera hasta Massachusetts. Su canto es un *kiiiiu, kiiiiu, kiiiiu*. Nunca ha visto a ninguna planear, al menos en invierno.

Farmer sostiene que una vez vio lo que él llama «gavilán común» planeando en las alturas, con lo que parecía ser un pollo entre las garras, mientras un halcón joven volaba en círculos por debajo, cuando, de pronto, el primero dejó caer el pollo. Entonces el joven se lanzó como un rayo, atrapó la presa en su caída y se la llevó antes de que llegara al suelo.

## 12 DE ENERO DE 1860

Salgo a caminar por la colina a las tres de la tarde. El termómetro marca un grado bajo cero, aproximadamente. Ahora mismo la nieve está preciosa e inmaculada, pues acaba de dejar de caer. Sorprende esa peculiar ausencia de huellas, como si fuera una gruesa manta blanca recién extendida. Por así decirlo, cada copo se queda como ha caído, o hay una gradación regular desde el fondo, más denso, hasta la superficie, que no puede ser más ligera y parece llevar un ribete formado por los últimos copos. Ha sido una nieve de estrellas, seca, pero las estrellas son de un tamaño considerable. Se posa ligera como el plumón. Cuando miro de cerca, parece estar compuesta, sobre todo, por unos cristales cuyos seis rayos o folíolos son más o menos perfectos, con un polvo algodonoso entre ellos. El sol aún no la ha derretido lo más mínimo. Brilla mucho y es bastante cálido, y, al apartarme de él, veo un sinfín de puntitos brillantes esparcidos sobre la superficie de la nieve, diminutas facetas como espejos. Al examinarlas con atención, descubro que son, cada una, una de esas ruedas estrelladas, más o menos completas, de un octavo a un tercio de pulgada de diámetro que ha caído en la posición adecuada y refleja un solecito de intenso brillo, como si

102

fuera una cascarilla, fina y continua, de mica. Tal es el fulgor o centelleo en la superficie de esta nieve recién caída cuando sale el sol y te apartas, con los puntos de luz en constante cambio. Sospecho que son buena muestra de la frescura de la nieve. El sol y el viento aún no han destruido estos delicados reflectores.

De pie junto a los abetos tsuga, me saluda el *chi-di-di-di-di-di* de una pequeña bandada de carboneros. La nieve ha dejado de caer, sale el sol, el día es cálido y silencioso, y los carboneros, al notar el influjo de este tiempo agradable, han empezado a revolotear entre el follaje cubierto de nieve de los abetos, sacudiéndola, pues apenas hay ramas desnudas en las que posarse a descansar, o se acicalan en algún recoveco soleado, y sólo se detienen para pronunciar su *chi-di-di-di*.

## 13 DE ENERO DE 1841

Deberíamos ofrecer diariamente a los dioses nuestros pensamientos perfectos (τέλεια). Nuestros escritos deberían ser himnos y salmos. Quien lleva un diario provee a los dioses. Toda frase tiene dos caras. Una es adyacente a mí, pero la otra mira a los dioses y no hay hombre que la haya tenido jamás enfrente. Cuando expreso un pensamiento, estoy botando una nave que ya no navegará jamás hasta mi puerto, sino que se marchará mar adentro. Por lo tanto, hace falta un entendimiento divino, una vista frontal, para leer lo que con grandeza se ha escrito.

103

X me ha hablado esta tarde de un pino estrobo, en Carlisle, por el que han ofrecido a su propietario treinta dólares que éste ha rechazado. Había comprado el solar por el árbol, que ha dejado en pie.

Aquí estoy, en los riscos, a las tres y media o cuatro. La nieve tiene más de un pie de espesor por todas partes. Pocos, si es que alguien lo hace, se salen de los caminos marcados. Flotan unas cuantas nubes, aterciopeladas y oscuras. Cielo despejado y sol brillante, aunque sin tonos rojos. Una moderación notable, admirable incluso, el que estos colores se restrinjan a la mañana y la noche. Eran griegos quienes lo hicieron. Un matiz madreperla, como mucho, es lo que te darán a mediodía, y sólo en raras ocasiones. ¡Qué singular! Veinte minutos después, al mirar hacia lo alto, he visto una nube alargada, de textura ligera, que se extendía de norte a sur, una masa parduzca de contorno más claro, con el borde inferior hacia el oeste, de un bello color madreperla, tan notorio como un arcoíris extendiéndose por la mitad del firmamento y, por debajo, en el oeste, revoloteaban unas nubes del mismo tono que cambian su forma de textura suelta y se disuelven rápidamente, más veloces que ninguna, incluso mientras escribo. Antes de terminar esta frase, miro hacia arriba y ya se han ido, como el humo o, más bien, el vapor de un motor en el aire invernal. Hasta una nube considerable, como una Atlántida fabulosa o una isla Desafortunada del mar Hesperio, se disuelve y dispersa en el transcurso de uno o dos minutos, y no queda nada más que el puro éter. Luego aparece otra como por arte de magia, nace del puro empíreo azul, con los mismos y bellos tonos madreperla, donde antes no se veía ni un jirón de vapor, insuficiente para teñir un espejo o una espada de acero pulido. Se hace más ligera y porosa, las profundidades azules asoman a través de ella, aquí y allá, sólo quedan unas cuantas borras y enseguida éstas también han desaparecido, y nadie sabe adónde se ha marchado. Te ves obligado a mirar al cielo, pues la tierra es invisible.

Olvidamos luchar y esforzarnos para hacer las cosas mejor aún de lo que se espera de nosotros. No puedo quedarme para que me feliciten. Dejaría el mundo tras de mí. Hemos de apartarnos de los aduladores, incluso de nuestros amigos. Nos lastran. Es raro que usemos nuestra capacidad para el raciocinio con tanta resolución como el irlandés su pica. Para complacer a nuestros amigos y parientes, extraemos nuestra mena de plata a carretadas, mientras que desatendemos el trabajo en nuestras minas de oro, que sólo conocemos nosotros, muy arriba, en las sierras, donde levantamos un arbusto durante el paseo por la montaña y vimos el destellante tesoro. Volvamos allí. Que sea el precio de nuestra libertad darlo a conocer.

En la profunda hondonada que hay a este lado del campamento de Britton, he oído un extraño zumbido procedente del suelo, exactamente igual al que harían una mosca grande o una abeja atrapadas en una tela de araña. Me he arrodillado y a duras penas he logrado seguirlo hasta un pequeño punto desnudo, del tamaño de mi mano, entre la nieve, y ahí he buscado por la hierba y los rastrojos durante varios minutos, apartándolos con los dedos, hasta que, cuando más cerca estaba del punto, y temiendo una picadura, he usado un palo. El sonido no cesaba, como el de un moscardón agonizante. Pero, aunque me dolían los oídos y tenía el palo en el punto exacto, no veía ni presa ni opresión. Al final, me he dado cuenta de que, con el palo, interrumpía o alteraba el sonido, y así lo he ido siguiendo hasta unas cuantas briznas de hierba muerta, que ocupaban alrededor de un cuarto de pulgada de diámetro, y se alzaban en el agua de la nieve fundida. Cuando las echaba a un lado, el sonido era más sordo y bajo. Procedía de la tierra y, al agacharme sobre él, me ha asaltado la idea de que fuera el primer llanto, como un gimoteo infantil, de un terremoto, que en breve iba a engullirme. Quizá fuera aire atrapado bajo el suelo helado, expandido ahora por el deshielo, que escapaba hacia arriba por el agua a través de una brizna de hierba hueca. Al cabo de diez minutos, lo he dejado zumbando tan fuerte como al principio. Seguía oyéndolo a más de una vara de distancia.

Schoolcraft dice de Rhode Island: «El nombre actual viene de los holandeses, que lo llamaban Roode Eylant (isla Roja), por el color otoñal de su follaje». (Col. R. I. Hist. Soc. vol. III).

13 DE ENERO DE 1856

He deshecho un nido pensil que había encontrado, probablemente de un vireo, quizá de un chiví. En nuestros talleres, nos enorgullecemos al encontrarle un uso a aquello que antes se consideraba un desperdicio, pero qué incompleta y accidental es nuestra economía, comparada con la de la naturaleza. Ésta no desperdicia nada. Las hojas, ramitas y fibras descompuestas pueden ser de máxima utilidad en algún otro lugar, y todas ellas, al final, se reúnen en la pila de compost. Qué maravilloso genio es el que lleva al vireo a seleccionar la dura fibra de la corteza interior, en lugar de las hierbas, más quebradizas, para su cesto; las elásticas agujas de pino y las ramitas curvadas al secarse, para darle forma; y, como imagino, la seda de capullos, etc. para atar y sujetar el conjunto. Sospecho que las aves hacen gran uso de estos capullos abandonados y que ellas, más que nadie, saben dónde encontrarlos. Para construir este nido se usaron al menos siete materiales distintos y el pájaro visitó otros tantos lugares muchas veces, siempre con el objetivo o plan de encontrar uno de estos materiales en concreto, como si se hubiera dicho: «Ahora voy a por un avispero viejo de esos que encontré el

107

otoño pasado, debajo del arce rojo, a ver si puedo meter el pico dentro, o a por la seda de esos capullos que descubrí esta mañana».

He oído a alguien rasgueando una guitarra en la planta de abajo, donde el servicio. Me recuerda a otros momentos del pasado. ¡Menuda observación sobre nuestra vida supone hasta el más mínimo compás! Me eleva por encima de todo el polvo y el lodazal del universo. Planeo o sobrevuelo con los faldones limpios el campo que es mi vida. Siempre es vida dentro de la vida, en esferas concéntricas. ¡El campo en el que me esfuerzo u oxido en un momento dado es, al mismo tiempo, el de muchos tipos distintos de vida! El hijo del granjero o su jornalero tienen un instinto que les habla con la misma indistinción; de ahí sus sueños y su inquietud, de ahí incluso que quieran dinero con el que cumplir esos sueños. El mismo campo en el que yo llevo mi monótona vida, en el que no se deja oír más que un compás de música, se considera el campo de alguna cruzada o competición, cuya mera idea nos lleva a un éxtasis de placer. La forma en que me afecta este débil rasgueo me revela que aún quedan cierta salud e inmortalidad en mis manantiales. ¡Qué elixir es este sonido! Yo, que últimamente he ido, venido y vivido por debajo (bajo un cubreplatos), vivo ahora bajo los cielos. Me libera, rompe mis ataduras. Casi toda nuestra vida, quizá toda ella, es, hablando en términos comparativos, una desesperanza estereotipada; es decir, jamás, en ningún momento, somos conscientes de la grandeza plena de nuestro destino. Es habitual que siempre infravaloremos nuestro sino. ¿Y los descreídos? ¿Por qué, siendo de la raza de los hombres, excepto en los rarísimos instantes en los que se elevan por encima de sí mismos movidos por un éxtasis, hay descreídos? Con la mejor de las disposiciones, ¿para qué sirve mi creencia? Esta criatura, pobre, tímida, sin instrucción, insensible, ¿en qué va a creer? Soy, por supuesto, totalmente ignorante y escéptico hasta que alguna divinidad se agita dentro de mí. Durante las noventa y nueve centésimas partes de nuestra vida, no nos dedicamos sino a podar setos y cavar zanjas, pero de vez en cuando nos topamos con recordatorios de nuestro destino, ¡oímos las vibraciones afines, la música!, y sacamos nuestras antenas dormidas hacia los límites del universo. Alcanzamos una sabiduría que excede el entendimiento. Los estables continentes ondulan. Lo duro y lo fijo se vuelven fluidos.

«A menos que por sobre sí mismo pueda
erigirse, qué ser tan mediocre es un hombre»[10].

Cuando oigo música no temo peligro alguno, soy invulnerable, no veo enemigos. Me siento unido a los tiempos más antiguos y a los más recientes.

[10] Del poema «To the Lady Margaret, Countess of Cumberland», de Samuel Daniel.

La vida tiene infinitos grados, desde el que está próximo al sueño y a la muerte hasta el que está siempre despierto y es inmortal. No debemos confundir a un hombre con otro hombre. No podemos concebir una diferencia mayor que la que existe entre la vida de un hombre y la de otro. Me veo obligado a creer que los hombres de la masa jamás se elevan tanto sobre sí mismos como para poder ver la belleza y la grandeza trascendentales de su destino.

## 13 DE ENERO DE 1858

Donde Jonathan Buffum, en Lynn. Conferencia en el salón de John B. Alley. J. Buffum me describe unas antiguas trampas para lobos, hechas seguramente por los primeros colonos de Lynn, según, quizá, un modelo indio; una a dos millas más o menos de la costa, cerca de Saugus; otra, más al norte, con hoyos de unos siete pies de profundidad y aproximadamente los mismos de longitud, y algunos de tres pies de anchura, con un recubrimiento liso de piedras, quizá algo convergentes para que el lobo no pudiera salirse. Cuenta la leyenda que un lobo y una india se encontraron una mañana en el mismo hoyo y se quedaron mirándose fijamente.

## 13 DE ENERO DE 1860

Dice Farmer que su padre le contaba que, en cierta ocasión, estando en un campo, vio planear un halcón con la vista clavada en algo que había en el suelo. Al mirar a su alrededor, descubrió una comadreja con los ojos fijos en el halcón. En ese preciso instante, el halcón se encorvó y, al mismo tiempo, la comadreja se abalanzó sobre él. El halcón alzó el vuelo con la comadreja, pero, al cabo de un rato, empezó a bajar igual de rápido que había subido, dando vueltas y más vueltas, hasta caer al suelo. El padre fue hasta él, lo levantó y la comadreja salió dando un brinco de debajo del ala y huyó, ilesa tras la caída.

14 DE ENERO DE 1852

Me complace estar viendo ahora un almiar de heno, oscuro y rojizo, lleno de helechos y otras plantas del prado de las más rudas que existen. Mi imaginación aporta el verdor y el zumbido de las abejas. ¡Ese almiar, qué recuerdo del verano! ¡Detenerse junto a un almiar cubierto de nieve, en invierno, a través del cual asoman las plantas secas del prado! Y, aun así, nuestras esperanzas perviven.

Como de costumbre, hoy no había colores azules en los surcos y grietas de la nieve. ¿Qué clase de atmósfera es necesaria para que esto suceda? Cuando me fijé el otro día, había un aire bastante húmedo, caía un poco de nieve, el cielo estaba totalmente cubierto y no hacía mucho frío. Es uno de los fenómenos más interesantes del invierno.

Si los escritores de la época posterior al clasicismo os resultan más estimulantes, limitaos a ellos y dejadles los de la augústea al polvo y las polillas de los libros.

Por su importancia en una granja, Catón sitúa en primer lugar el viñedo; en segundo, un huerto bien regado; en tercero, una mimbrera (*salictum*); en cuarto, un olivar (*oletum*); en quinto, una pradera o pastizal (*pratum*); en sexto, tierra para el cultivo de cereal (*campus frumentarius*); en séptimo, un bosque para obtener leña (*silva coedua*, Varrón habla de plantarla y cultivarla); en octavo, un *arbustum* (Columela dice que es una olmeda sobre la que puedan apoyarse las viñas); en noveno, árboles que produzcan bellotas (*glandaria silva*). En otro lugar, dice que el *arbustum* produce *ligna et virgae*.

Y añade: «Al principio de su edad adulta, el cabeza de familia ha de estudiar cómo organizar su tierra. En cuanto a la construcción, debe dedicar largo tiempo a reflexionar sobre ella (*diu cogitare*). No debe reflexionar sobre el cultivo, sino ponerse a ello. Cuando cumpla treinta y seis años de edad, ya puede construir, si es que ha cultivado antes la tierra. La construcción ha de ser tal que la villa no tenga que buscar la granja, ni la granja la villa». Se trata de consejos sensatos, tan pertinentes ahora como antes. «Si te has retrasado en una cosa, todo tu trabajo irá con retraso», le dice Catón al granjero. Se puede plantar un sauce (*salicem*) al que sujetar las viñas. La tierra propensa a las nieblas se llama *nebulosus*. Los bueyes «han de llevar bozales (o cestillos, *fiscellas*) para que no vayan en busca de pasto (*ne herbam sectentur*) cuando estén arando».

14 DE ENERO DE 1855

He ido patinando a la granja de Baker con una rapidez que a mí mismo me ha sorprendido, por delante del viento, notando las subidas y bajadas (el agua se había asentado en el frío repentino de la noche) que llevaba tiempo sin ver. Uno se siente como una criatura nueva, tal vez un ciervo, cuando se mueve a esa velocidad. Toma una nueva posesión de la naturaleza en nombre de su propia majestad. Allí estaba yo, y allí, y allí, igual que bajaba Mercurio por el monte Ida. He calculado que, al cabo de un cuarto de hora, estaba ya a tres millas y media de casa, sin haber hecho ningún esfuerzo especial.

14 DE ENERO DE 1857

Subida a Assabet por el hielo. Observo en los sauces negros, y también en los alisos y los arces blancos que cuelgan sobre el arroyo, un gran número de capullos de un color blanco sucio, de una pulgada aproximada de longitud, sujetos por los lados a la base de las nuevas ramitas, y ocultos por las hojas secas que se enroscan en torno a ellos, una especie de fruto que dan ahora estos árboles. Las hojas no están sujetas a las ramitas, sino dispuestas con ingenio alrededor de los capullos y enganchadas a ellos. Casi todos los montoncitos de hojas contienen un capullo, en apariencia, de una especie, de forma que, a menudo, cuando cabría creer que los árboles conservan las hojas, resulta que no son los árboles, sino las orugas, quienes las han conservado. En un arce, el único montoncito de hojas que veo está encima de una ramita seca, pero oculta un capullo. Sin embargo, no encuentro ninguno vivo. Están todos desmoronados. Los sauces negros conservan muy poquitas hojas, estrechas y rizadas, aquí y allá, como el último foliolo de un helecho. Los arces y alisos, casi ninguna. Sin embargo, bastan para llamar más la atención que las que rodean los capullos. ¿Qué tipo de acuerdo ha habido entre la mente que decidió que esas hojas siguieran ahí durante el invierno y la del gusano que sujetó unas cuantas a su capullo para poder disimularlo? Camino así junto al borde de los árboles y arbustos que cuelgan sobre el arroyo, recogiendo los capullos, que quizá se creían aquí doblemente seguros. Estos capullos, claro está, se fijaron antes de que hubieran caído las hojas. Casi todos están ya vacíos o contienen sólo los restos de una ninfa. Algún enemigo la ha atacado y devorado. Estos numerosos capullos sujetos a las ramas que cuelgan sobre el arroyo, en un día calmo y polar de invierno, sugieren una cierta fertilidad en las riberas, les confieren una especie de vida y, de este modo, me hacen compañía. Hay mucha más vida de lo que se sospecha en el lugar más solitario y sombrío. Suponen tanto como el silbido de un carbonero.

## 14 DE ENERO DE 1858

Buffum dice que en 1817 o 1819 vio la serpiente marina en Swampscott, igual que varios cientos de personas más. Pudieron observarla de forma intermitente durante algún tiempo. La primera vez, había mucha gente en la playa, en carros medio metidos en el agua, y la serpiente se acercaba tanto que la gente, pensando que pudiera llegar a tierra, volvía involuntariamente los caballos hacia la orilla, como de común acuerdo, y este movimiento hacía que también la serpiente se desviara. El camino desde Boston estaba bordeado por completo de aquellos que habían ido a ver el monstruo. El príncipe acudió con su catalejo, lo vio y escribió su descripción del encuentro. Buffum dice que ha visto a la serpiente veinte veces; una de ellas, estando solo, desde las rocas de Little Nahant, por donde pasó, cerca de la orilla, justo por debajo de la superficie y a una distancia de cincuenta o sesenta pies, por lo que podría haberla tocado con una vara muy larga, de haberse atrevido. Buffum tiene unos sesenta años y ha de decirse, pues afecta al valor de su testimonio, que es un firme practicante del espiritismo.

## 14 DE ENERO DE 1860

Hace un día apacible y percibo, cosa que llevaba tiempo sin observar, ese azul del aire que sólo se nota en los días apacibles. Lo veo entre el bosque y yo, a media milla de distancia. La suavidad del aire contribuye a este efecto. Las montañas son apenas visibles. Se llega a divisar esta enorme presencia azul acechando entre los árboles y el horizonte.

### 15 DE ENERO DE 1838

Después de todo lo que se ha dicho a modo de elogio de la raza sajona, debemos conceder que nuestros antepasados de ojos azules y cabello rubio eran, en su origen, gente impía e insensata.

### 15 DE ENERO DE 1852

Sólo sé que poeta es aquel que crea poemas. Mediante la contención, asciende hasta el ámbito de la creación en un nivel superior, un nivel sobrenatural.

Esta tarde, por primera vez en lo que llevamos de invierno, veo pulgas de nieve en el bosque de Walden. Las veo allí donde voy; sobre todo, en las rodadas y pisadas más profundas. Su número es casi infinito. Hace una tarde bastante templada y húmeda, y casi da la impresión de que estuviera lloviendo. Supongo que alguna peculiaridad del tiempo las ha atraído desde la corteza de los árboles.

Es bueno ver a las gallinas de Minott picoteando y rascando el suelo. ¡Qué salud infalible sugieren! Incluso la

116

gallina enferma está enferma de forma natural, igual que una hoja verde se vuelve marrón. No es de extrañar que a los hombres les encante tener gallinas cerca y oír su cacareo. Incluso siguen poniendo huevos, de vez en cuando, ¡qué raza tan inmune a la desesperación!

### 15 DE ENERO DE 1853

La señora Ripley me ha dicho esta tarde que Russell había determinado que el polvo verde (y, a veces, amarillo) que hay por debajo de las piedras de los muros es el liquen *Lepraria chlorina* en estado de descomposición; el amarillo, de otra especie de *Lepraria*. Sabía de ese polvo desde hace mucho, pero, como no sabía su nombre, es decir, cómo lo llaman los demás, y, por lo tanto, no podía hablar de él de forma conveniente, me ha sugerido menos cosas y lo he utilizado menos. Ahora tengo por primera vez la impresión de conocerlo.

### 15 DE ENERO DE 1857

Mientras pasaba junto a un cobertizo que hay al sur, cerca de la estación, he observado lo que en un principio tomé por un chingolo arbóreo, posado sobre la madera del cobertizo, un simple techado abierto por los laterales, bajo el cual varios hombres trabajaban, en ese momento, aserrando madera con gran fuerza. Al acercarme, he visto, para mi sorpresa, que debía de ser un chingolo cantor, pues tenía en el pecho las marcas habituales y carecía de corona castaña. La nieve tenía un espesor de nueve o diez pulgadas y parecía que el ave se había refugiado en el cobertizo, donde, al retirar la madera, ha quedado al descubierto una gran superficie de tierra desnuda. Cuando me he aproximado, en lugar de salir volando, se ha escondido entre los maderos, igual que a menudo se oculta tras un muro.

¿Qué hay en la música que remueve tanto nuestras honduras? Normalmente, nos hallamos todos en estado de desesperación. Nuestra vida es tal que, con frecuencia, nos orienta hacia el suicidio. Para muchas personas, quizá para la mayoría, la existencia resulta apenas tolerable, y, si no fuera por el miedo a la muerte o a morir, una gran multitud se quitaría la vida de inmediato. Pero, cuando oímos un compás, al instante tomamos conciencia de una vida de la que ningún hombre nos ha hablado, que ningún predicador predica. Supongamos que intento describir con fidelidad la perspectiva que me muestra ese compás. El campo que es mi vida se transforma en una planicie sin fin, magnífica de recorrer, sin muerte ni decepción al final. Toda mezquindad y trivialidad desaparecen. Me vuelvo acorde a mis hechos. No hay detalles que sobrevivan a esta expansión. Las personas, de hecho, no sobreviven a ella. A la luz de este compás, no hay ningún tú ni ningún yo. Nos elevamos, realmente, sobre nosotros mismos.

Los rastros de los ratones cerca del final del prado de Well resultaban de especial interés. Había allí una capa de nieve pura, que no estaba interrumpida por arbustos ni hierbas, de unas cuatro varas de ancho, y, sobre ella, nueve rastros de ratones que la recorrían, desde los arbustos de este lado hasta los del otro, muy cercanos entre sí, pero que se cruzaban repetidamente en ángulos agudos, si bien cada una de las trayectorias era, en general, bastante directa. La nieve era tan ligera que las cuatro patas formaban un único rastro, pero la cola dejaba una señal muy clara. Un rastro concreto que discurre casi recto, a veces media decena de varas sobre la nieve inmaculada, muy bello, como una cadena de nuevo diseño, y sugiere la liviandad del cuerpo que lo ha impreso. Aunque puede que no haya habido más que uno o dos, las marcas sugieren la presencia de un grupito que ha ido avanzando hacia sus vecinos, bajo el arbusto de enfrente. La delicadeza de esta impresión sobre la superficie de la ligerísima nieve, donde otras criaturas se hunden, sumada a la noche, pues ése es el momento en el que se dejaron estos rastros, me hace pensar en una fiesta de hadas. Es casi tan emocionante como si sus actores estuvieran aquí. Me resulta fácil imaginar todo lo demás. Los saltitos se expresan mediante los propios rastros. Pero me gustaría mucho ver, a plena luz del día, un grupo de estos seres festejando sobre la nieve. Hay una vida silenciosa en este país que se observa o imagina poco. Qué resguardados estarán ahora en algún lugar, bajo la nieve, sin que se repare en ellos, de no ser por estos preciosos rastros. Durante una semana o incluso una quincena de tiempo bastante calmo, los rastros seguirán contando las aventuras nocturnas de estos ratones diminutos. Así era muchos miles de años antes de que Gutenberg inventara la imprenta con sus tipos, y así será muchos miles de años después de que, quizá, sus tipos se olviden. El ratón ciervo seguirá imprimiendo sus historias en la nieve de Well Meadow para ser leído por una nueva raza de hombres.

## 16 DE ENERO DE 1838

El hombre es como un corcho que ninguna tempestad puede hundir; al final, arribará flotando, sano y salvo, hasta su puerto.

El mundo no deja nunca de ser bello, aunque se vea a través de una rendija o un agujero.

## 16 DE ENERO DE 1852

Veo que, para algunos hombres, su relación con la humanidad tiene gran importancia. A sus ojos, es terrible agraviar las opiniones y costumbres de sus congéneres. Así pues, jamás dan cuenta del fracaso ni del éxito mediante pruebas absolutas y universales. Yo no me siento vinculado de forma tan vital a mis congéneres. No les afecto más que en un punto del costado. Lo que me une a ellos no es un vínculo como el de los hermanos siameses. Es peligroso deferir tanto a la humanidad y las opiniones de la sociedad, pues éstas son siempre, y sin excepción, impías y bárbaras, al menos cuando se miran desde las alturas de la filosofía. Un hombre sabio ve con tanta claridad la impiedad y la barbarie de sus propios compatriotas como las de las naciones a las que éstos envían misioneros. El inglés y el estadounidense son objeto de tantas supersticiones nacionales como los hindúes y los chinos. Mis compatriotas son, para mí, extranjeros. Hacia ellos sólo siento un poco más de afinidad que hacia el pueblo llano de India o China. Todas las naciones son negligentes con sus obligaciones y no están a la altura de lo que se espera de ellas. Madame Pfeiffer dice de los parsis o adoradores del fuego en Bombay que deberían haber estado todos en la explanada para saludar a los primeros rayos de sol, pero que sólo encontró unos pocos aquí y allá, y que algunos no aparecieron hasta las nueve de la mañana. No veo diferencias importantes entre esta solemnidad que se retrasa y la oración fúnebre comprada al clérigo de la parroquia o los golpes de pecho de las plañideras contratadas de Oriente.

Bill Wheeler tenía dos muñones y avanzaba con lentitud y a pequeños pasos, después de que, en cierta ocasión, según tengo entendido, se le congelaran los pies. Estoy seguro de que en cinco años sólo me lo he cruzado una vez, entrando en la ciudad sobre sus tocones, ocupando la parte central del camino, como si fuera guiando a la manada invisible del mundo delante de él; nunca llegué a saber de qué región lejana venía, a sueldo de quién había estado, en qué granero remoto se había alojado todos estos años. Parecía pertenecer a una casta distinta de los demás hombres y me recordó tanto al paria indio como al mártir. Supe que alguien le daba bebida a cambio de las pocas tareas que podía hacer. A su carne no hubo referencia alguna, hasta ese punto había sublimado su vida. Un día como éste, no hace mucho, me topé en mi paseo con una especie de refugio, como el que podrían usar los leñadores, en el bosque cercano a Great Meadows, hecho de heno dispuesto sobre una tosca estructura. Asomé la cabeza por un agujero, como acostumbro a hacer en estos casos, y me encontré allí a Bill Wheeler, acurrucado sobre el heno, quien, al despertarse repentinamente de un sueño profundo, se frotó los ojos y me preguntó si había encontrado alguna presa, pues pensaba que estaba cazando. Me marché reflexionando sobre la vida de ese hombre, que no se comunicaba con nadie, que quizá, ya no hacía tareas para nadie, con qué bajeza vivía, tal vez por un profundo principio por el que podría ser un filósofo importante, mayor que Sócrates o Diógenes, simplificando su vida, volviendo a la naturaleza, tras darles la espalda a las ciudades, a cuántas cosas había renunciado, lujos, comodidades, compañía humana, sus pies incluso, luchando con sus pensamientos. Yo mismo me sentí como Diógenes, cuando vio al niño bebiendo de sus manos y se deshizo de su tazón. Allí había una persona que andaba por su cuenta, no hacía trabajo alguno y no tenía parientes que yo supiera, carecía de ambiciones que yo pudiera ver y no dependía de las buenas opiniones de los hombres. ¡Seguro que ve las cosas con una mirada imparcial, desinteresada, igual que el sapo observa al hortelano! Quizá sea miembro de una secta de filósofos, el único, tan simple, tan abstraído de sus contemporáneos en el pensamiento y la vida que para éstos su sabiduría es, en realidad, estupidez. Quién sabe si, en su solitario catre de heno, se entrega con su pensamiento a elaborar sátiras triunfantes sobre los hombres. ¡Quién sabe si ahí hay una superioridad de la literatura no expresada ni expresable, que ha decidido humillarse y mortificarse como nunca el hombre se ha humillado ni mortificado, cuya mera intensidad de la percepción, de claros conocimientos y sapiencia, lo han vuelto estúpido y lo han despojado de la conciencia común y del fundamento para hablar con los de su especie o, mejor dicho, con esos congéneres de los que tanto se diferencia! Un hombre cuyas noticias, simplemente, no son las mías ni las vuestras. Durante un instante, me pregunté si no habría allí incluso un filósofo que hubiera dejado muy atrás a los pensadores de Grecia y la India, y envidié su ventajoso punto de vista. Pero no iba a dejarme engañar por unas cuantas palabras sin sentido, por supuesto, y un aparente atontamiento. Lo que yo estaba contemplando eran su planteamiento y su carrera.

C. siente un gran respeto por McKean, así de bajo es el nivel en el que se encuentra; dice que es un magnífico conversador. Nunca dice nada, apenas responde a una pregunta, sino que trabaja sin cesar, jamás exagera ni usa exclamaciones, y hace lo que se compromete a hacer. Parece estar concentrado en el universo. Pero el otro día recorrió mayores distancias conmigo, mientras Barry y él talaban un pino, tarea que los obligaba a estar de rodillas. Hice un comentario sobre lo incómodo de desempeñar aquella labor arrodillados en la nieve, y él observó, alzando la vista hacia mí: «No dejamos de rezar».

Pero volvamos a Bill. Me habría gustado saber qué pensaba de la vida. Más o menos un mes después de aquello, según oí, lo encontraron muerto entre los matorrales, en la otra parte de la colina, tan descompuesto que hubo que llevar el ataúd hasta su cadáver, que metieron dentro con horcas. Aún me pregunto si habrá muerto como un brahmán, morando sus últimos días en las raíces de los árboles, aunque después me aseguraron que sufría de desamor (que se había vuelto, como se dice, loco de amor). ¿Puede haber un sufrimiento más noble que ése, una muerte más justa para una criatura humana? Que ello lo empujó a la bebida, le congeló los pies e hizo todo lo demás. ¿Por qué no va a llevarse el mundo el beneficio de su largo padecimiento?

## 16 DE ENERO DE 1853

Trench afirma que «los rivales, en el sentido original de la palabra, son aquellos que habitan en las orillas del mismo arroyo» o «en orillas opuestas», pero (como dice en el caso de muchas palabras), dado que el uso de los derechos de agua es una rica fuente de disputas entre tales vecinos, la palabra ha adquirido su sentido secundario. Mis amigos son mis rivales en el Concord, en el sentido primitivo del término. No hay conflictos entre nosotros con respecto al uso del arroyo. El Concord ofrece muchos privilegios, pero ninguno por el que disputar. Es un arroyo pacífico, ajeno a las trifulcas. Veo que Bailey lo expresa así: «Rival [Rivalis L. (…) qui juxta eundem rivum pascit]».

## 16 DE ENERO DE 1859

POR LA TARDE. A Walden y, de ahí, por las lagunas de Cassandra hasta Fair Haven y río abajo. Mientras nos dirigimos hacia el suroeste, a través de las hondonadas de Cassandra en dirección al sol poniente, éstas van pareciendo, tanto por su forma como por su color, escudos de plata pulida entre los cuales caminamos, mirando hacia el sol. Toda la superficie de la nieve, de la tierra que hay más allá y del hielo, igual que ayer, está dura, como si estuviera compuesta de pedriscos medio fundidos entre sí.

La nieve oculta las tres cuartas partes de la superficie de Cassandra, y todas las ramitas, troncos y tallos mustios de junco están envueltos en hielo y, así, como ya he dicho, cuando avanzas en dirección al sol, las hondonadas parecen brillantes escudos bordeados de diamantes. Ese junco doblado en mitad del escudo, cada uno de sus tallos acoplado a una especie de cable helado, de un tamaño al menos veinte veces superior, brilla como anillos o semicírculos de plata pulida. Ayer debió de ser aún más espléndido, antes de que se desprendiera el hielo. No es de extrañar que mi acompañante inglés diga que nuestros paisajes son más vivaces que los de Inglaterra. La capa de nieve está dura gracias a los restos de estos diamantes bajo los árboles, que forman una capa de una o dos pulgadas por debajo de muchos de ellos, donde durarán varios días.

Veo una bandada de chingolos arbóreos picoteando algo en la superficie de la nieve, entre unos arbustos. Al observar uno con atención, descubro que está comiendo la finísima semilla marrón, con aspecto de cascarilla, de la andrómeda paniculada. Sabe perfectamente cómo conseguir su alimento, cómo hacer que la planta se lo entregue. Alza el vuelo y se posa sobre una de las densas panículas marrones de las duras bayas, la sacude y golpea vigorosamente con las garras y el pico y envía a la nieve que hay debajo una lluvia de semillas que queda bien visible, aun siendo fina casi como el polvo, sobre la nieve inmaculada. Luego, baja de un salto y recoge raudo lo que quiere. ¡Qué limpio y agradable a la imaginación y, además, qué abundante, es este tipo de comida! ¡Con qué delicadeza se alimentan! Estos recipientes de semillas, secos y resistentes, guardan sus migas de pan hasta que se los sacude. La nieve es el mantel blanco sobre el que caen. Lo sacude cien veces, tanto como quiere, y sacude ese mismo matojo, u otro, después de cada nevada. Qué copioso es el alimento con que lo surte la naturaleza. No es de extrañar que estas aves vengan a pasar el invierno con nosotros y estén tranquilas en lo que a la comida respecta. ¡Con cuánto ingenio y sencillez se alimentan! Al crecer, este arbusto pasa desapercibido para la mayoría —sólo lo conocen los botánicos— y, al cabo de un tiempo, maduran en él los recipientes, duros y secos, de las semillas, de los que, en el caso de que se vean, casi nadie cree que contengan nada (pero no hay arbusto ni planta que alguna ave no conozca). Aunque quizá nadie lo haya visto nunca, el chingolo arbóreo viene desde el norte, en invierno, directamente a este arbusto, sacude confiado sus panículas y luego se da un festín con la fina lluvia de semillas que cae de él.

## 17 DE ENERO DE 1841

Nunca ha habido una auténtica felicidad, sino, más bien, garantía contra toda esperanza. No sería yo un hombre feliz, es decir, afortunado, sino, más bien, un hombre necesitado y perdido.

Después de tantos años de estudio, no he aprendido lo que debo hacer durante una hora. Me quedo varado en cada reflujo de la marea, y aun cuando he navegado tan alegremente en aguas profundas como un barco, me veo tan desamparado como un mejillón en la roca. No puedo responder ante mí mismo por la hora que vivo. Aquí, el tiempo me ha dado una noche apagada y prosaica, no como la de Véspero o Cintia, un lapso muerto, en el que el flujo del Tiempo parece aposentarse en una poza, una quietud no de contención, sino de espiración, el aliento de la naturaleza. He de saber que las horas como ésta son las más ricas en el regalo del Tiempo. Es en la insuficiencia de la hora donde, si nos limitamos a sentir y entender, reafirmaremos nuestra independencia.

El otro día, mientras pasaba por casa de X con los pantalones, como es habitual, remetidos en las botas (no había sendero después de la casa de H.), oí a unas personas en su cobertizo, pero no me asomé, y, cuando ya me había alejado una o dos varas, oí que alguien exclamaba con insolencia desde allí algo así como «Oiga, caballero, ¿qué le parece el paseo?». Me di la vuelta de inmediato y vi a tres hombres de pie en el cobertizo. Estaba decidido a desconcertarlos y exigirles que demostraran su hombría, si es que tenían alguna, y que encontraran algo que decir, aunque antes no tuvieran nada, que hicieran las paces con el universo sintiéndose humillados. Debían decirme a la cara lo que me habían dicho a la espalda o sentir la ruindad de verse obligados a cambiar el tono. Así que exclamé, mirando a uno: «¿Desea usted hablar conmigo, señor?». No obtuve respuesta. Me acerqué un poco más, repetí la pregunta y uno de ellos respondió: «Sí, señor». Así pues, subí con celeridad por el camino que habían despejado con la pala. Mientras tanto, uno se metió corriendo en la casa. Pensé que ya había visto en otra ocasión al que me quedaba más cerca. Me llamó por mi nombre, débilmente y entre titubeos, y me tendió la mano de forma

128

medio automática, cosa que yo no rechacé. Le pregunté muy serio si deseaba decirme algo. Sólo fue capaz de señalar al otro y musitar: «Mi hermano». Me acerqué y repetí la pregunta. Parecía estar encogiéndose hasta no ser más que una cáscara de nuez, en tan lastimoso objeto se había convertido, y apartó de mí la mirada mientras empezaba a ocuparse de algún asunto, a medir algo que quería que le hicieran. Me di cuenta de que estaba bebido, de que su hermano se avergonzaba de él, y le di la espalda al comienzo mismo de aquella disculpa indirecta y ebria.

En la medida en que tengo pensamientos celestiales, siento la necesidad de estar fuera y contemplar el cielo de poniente antes del ocaso en estos días de invierno. Ése es el símbolo de la mente despejada que no sabe ni de invierno ni de verano. ¿Cómo es tu pensamiento? Ése es el color, ésa la pureza, la transparencia y la distancia con respecto a la mácula mundana de mi discurrir más íntimo. Aquello que vemos por fuera es un símbolo de algo que hay por dentro, y lo que está más alejado es el símbolo de lo que se halla más profundo en el interior. El amante de la contemplación, pues, observará atentamente el cielo. De pensamientos bellos y una mente serena surgen días hermosos.

El arcoíris es el símbolo del triunfo que sucede a una aflicción que nos ha puesto a prueba para nuestro beneficio, de forma que, por fin, podemos sonreír a través de las lágrimas. Así es como salimos de la casa del duelo. Hemos encontrado el alivio en el llanto. Igual que los cielos se le muestran a un hombre, así es su mente. Algunos no ven allí más que nubes; otros, prodigios y portentos; algunos apenas alzan la vista, pues sus cabezas, como las de las bestias, están dirigidas hacia la tierra. Algunos contemplan allí serenidad, pureza, belleza indescriptible. El mundo se apresura a contemplar las vistas, mientras que hay unas vistas en el cielo que pocos se asoman a mirar. Esas vistas de poniente, a través de las nubes, hacia el firmamento, muestran los cielos más despejados; de hecho, más despejados y deliciosos que cuando todo el cielo está relativamente exento de nubes, pues entonces suele haber un vapor más difuso, en general, sobre todo cerca del horizonte, que en los días nubosos se absorbe, por así decirlo, o congrega en masas, y las vistas son más despejadas que cuando no hay nubes en el manto del firmamento.

¡Qué infinita variedad en la forma y textura de las nubes, algunas delicadas y otras de grano grueso! Esta noche he visto lo que parecía la espina dorsal, con partes de las costillas, de un monstruo fosilizado. Así, todas las formas y criaturas tienen su reflejo de vapor en los cielos.

Me da la impresión de que, a una edad muy temprana, la mente del hombre, quizá al mismo tiempo que su cuerpo, deja de ser elástica. Su capacidad intelectual se convierte en algo definido y limitado. No piensa con amplitud, ya no se expande como acostumbraba a hacer en sus años de crecimiento. Lo que era savia fluida se endurece y transforma en duramen, y no hay más cambio. En su época de juventud, el hombre me parece capaz de un esfuerzo y rendimiento intelectual que supera toda norma y límite, igual que durante esos años despliega su fuerza plena sin miedo ni prudencia y no es consciente de sus límites. Es la transición de la poesía a la prosa. El joven puede correr y saltar, aunque no ha aprendido exactamente cuán lejos. El adulto no supera su esfuerzo diario. No tiene fuerzas que desperdiciar.

Catón, al prescribir un medicamento para bueyes, dice: «Cuando encuentres la camisa de una serpiente, tómala y guárdala, para no tener que buscarla cuando la necesites». Esto se mezclaba con pan, maíz, etc.

Cuenta también cómo elaborar pan y distintos tipos de pasteles, a saber: *libum*, *placenta*, *spira* (llamada así porque va enrollada como una cuerda, quizá como las rosquillas), *scriblita* (pues va adornada con caracteres que recuerdan a la escritura), *globi* (en forma de esferas), etc. Igualmente explica cómo hacer votos para tus bueyes con una ofrenda a Marte, y a Silvano en un bosque, sin que las mujeres estén presentes ni sepan cómo se realiza.

Si se quiere eliminar el mal sabor del vino, recomienda calentar un ladrillo, atarlo y bajarlo con una cuerda hasta el fondo de la barrica, y dejarlo allí dos días, con la barrica cerrada. «Si queréis saber si se ha añadido agua al vino, fabricad un pequeño recipiente de madera de hiedra (*materia ederacea*) y verted en él el vino que creéis que contiene agua. Si tiene agua, el vino escapará (*effluet*) y quedará el agua, pues un recipiente de madera de hiedra no puede contener vino».

«Haced un banquete expiatorio para los bueyes cuando el peral esté en flor. Después, empezad a arar en primavera». «Ese día ha de ser sagrado (*feriae*) para los bueyes, los vaqueros y quienes preparen el banquete». Ofrecen vino y carne de borrego a Júpiter, y también a Vesta si así lo desean.

Cuando aclaraban un soto sagrado (*lucum conlucare*, como para permitir la entrada de luz a un lugar umbrío), debían ofrecer un cerdo a modo de expiación y rezar al dios o la diosa a quien estuviera consagrado que les fuera propicio a ellos, su casa, su familia y sus hijos. ¿Acaso no deberían considerarse todos los sotos un *lucus* o soto consagrado en este sentido? Ojalá nuestros granjeros sintieran el mismo temor reverencial cuando talan nuestros sotos consagrados.

Finalmente, Catón ofrece distintos conjuros para curar enfermedades, meras palabras de hechicero.

Alcott dijo el otro día que ésta era su definición del Cielo: «Un lugar en el que puedes tener un poco de conversación».

No hemos de esperar ingreso alguno además de nuestros gastos. Debemos acertar ahora y no fracasar después. En cuanto empezamos a calcular el coste, el coste comienza.

Si nuestro proyecto está bien construido en sus pilares, ningún percance sucedido en un anexo será fatal.

El capital deseado es una independencia absoluta de todo capital, salvo una conciencia clara y una voluntad firme.

Cuando somos tan pobres que el aullido del viento contiene música y no declara la guerra contra nuestra propiedad, los propietarios, probablemente, nos envidian. Hemos estado buscando riqueza no a través de una verdadera industria o construcción interiores, sino mediante la mera acumulación, juntando lo que había fuera hasta formar una pila a nuestro lado. Sería mejor conseguirla renunciando por completo a ella. Si mis posesiones consisten en una casa y algunas tierras, ¿no estoy desheredado de sol, viento, lluvia y todas las demás cosas buenas? Los más ricos son sólo un poco más pobres que la naturaleza. Es imposible tener más posesiones de las que gastamos. El genio sólo es rico en la medida en que es generoso. Si acapara, se empobrece. Aquello por lo que suspira el banquero puede acapararlo el patán más miserable: ocio y sosiego mental.

Aún recuerdo los maravillosos destellos de la laguna de Pelham. Los mismos cazadores, en la distancia, con sus perros y armas, presentaban algunas superficies sobre las que podía impactar un destello, así de transparente y centelleante era el aire. De hecho, era un aire de lo más vivificante y embriagador, como cuando los poetas cantan al vino espumoso.

¿Hay algo como el piar o el silbido de un ave en mitad de una ventisca invernal?

Algunos pinos, vistos a través de esta nieve fina y torrencial, tienen un matiz azulado.

18 DE ENERO DE 1856

POR LA TARDE. A Walden, para medir la temperatura del agua. Es un día muy apacible, de deshielo, invernal, pero despejado y luminoso. Sin embargo, veo las sombras azules sobre la nieve en Walden. Aquí la nieve está muy rasa, con un espesor de unas diez pulgadas, y, en su mayor parte, soporta mi peso mientras me abro camino con la hachuela. Creo que nunca he visto un azul más encantador que el de mi sombra. Me convierto en un persa alto y celeste desde el gorro hasta las botas, de un color que ningún tinte mortal puede producir, con una hachuela amatista en la mano. Estoy embelesado por mi propia sombra. Nuestras sombras ya no son negras, sino de un azul celeste. Creo que no tiene nada que ver con el frío, sino con que el sol no esté demasiado bajo.

He despejado un pequeño espacio en la nieve, que tenía nueve o diez pulgadas de espesor, sobre la parte más profunda de la laguna, y he abierto un agujero en el hielo, de unas siete pulgadas de grosor. En cuanto he llegado al agua, ésta ha salido a borbotones y desbordado el hielo, lo que me ha obligado a salir de este patio abierto en la nieve, y ha subido al menos dos pulgadas y media por encima del hielo. El termómetro indicaba 0,8° en la superficie y 1,5° cuando lo he subido rápidamente desde una profundidad de treinta pies, por lo que, en apariencia, abajo no hace mucho más calor.

18 DE ENERO DE 1859

La maravillosa helada del 13 y el 14 fue demasiado singular para pasarla por alto, seguida como estuvo, además, de dos días de fino hielo cristalino, pero, al tener compañía, me perdí la mitad de sus bondades.

No tuvimos la oportunidad de verla bajo el sol, pero, vista frente a la neblina o la niebla, era demasiado bella para recordarla. Los árboles eran fantasmas de árboles que se aparecían envueltos en sus sábanas ondeantes, un blanco más intenso ante el fondo, oscuro en comparación, de la niebla. Fui hasta Acton a caballo la tarde del 12 y recuerdo la maravillosa avenida de estos árboles feéricos que formaban, por doquier, un arco sobre el camino. Los olmos, por su forma y

135

tamaño, resultaban de una especial belleza. Por lo que pude observar, la escarcha era más espesa en las tierras bajas, sobre todo sobre los *Salix alba*. He sabido por los periódicos que este fenómeno ha sido generalizado en esta parte del país y ha atraído la admiración de todo el mundo. Los árboles del parque Boston Common estaban ataviados con la misma librea nívea que nuestros árboles del Musketaquid.

Todo el mundo, no cabe duda, ha contemplado con deleite, manteniendo la mirada baja, esa hermosa escarcha que con tanta frecuencia se ve, en las mañanas invernales, erizando la garganta de todos los respiraderos que hay en la superficie de la tierra. En este caso, la niebla, el aliento visible del planeta, era tan abundante que revestía todos nuestros valles y colinas, y la escarcha, en lugar de quedar confinada a las grietas y rendijas de la tierra, cubría los árboles más imponentes, de manera que, al caminar bajo ellos, teníamos la misma perspectiva maravillosa y el mismo entorno que habría tenido un insecto que se abriera paso a través de una grieta del suelo erizada de escarcha. ¡Ah, qué pátina de hielo! Sé lo que era por propia experiencia: el hálito helado de la tierra sobre mi barba.

Aun en el árbol más rígido, el efecto general es singularmente suave y fantasmagórico, pues no hay límites ni contornos marcados. Cómo dibujar el contorno de estos dedos fantasmales vistos ante la niebla, sin exagerar.

Difícilmente podría pasar el granjero de Nueva Inglaterra bajo estos árboles, camino del mercado, sin sentirse apelado en su concepto de la belleza. Un granjero me contó con total sinceridad que, en cierta ocasión en la que se adentró en el bosque de Walden con su trineo, pensó que jamás había visto nada tan bello en toda su vida y que, si hubiera habido allí hombres que supieran escribir sobre ello, habría sido para ellos una oportunidad maravillosa. Muchas veces he pensado que si el árbol concreto, por lo general un olmo, bajo el que estaba pasando a pie o en trineo fuera el único de su especie en el país, merecería la pena recorrer el continente para verlo. De hecho, no tengo duda de que quien oyera una descripción fiel del fenómeno emprendería ese viaje. Pero, en lugar de estar limitado a un solo árbol, este prodigio era tan corriente y habitual como el propio aire. Cada recodo del bosque fueron para el hombre un milagro y una sorpresa, y para quienes no puedan alejarse están los árboles de la calle y las hierbas del patio. El sauce llorón, con las ramas engrosadas, parecía más preciso y regular en su curvatura que nunca, y estaba tan quieto como si fuera una talla de alabastro.

Fue llamativo que, al perder la niebla un poco de espesor y poder vislumbrarse los pinares a una milla de distancia o más, éstos tuvieran un marcado color azul oscuro. Si había algún árbol fijo y rígido, ahí era más rígido; si alguno era ligero y grácil, ahí era más grácil. Los abedules, especialmente, constituían un bello ornamento.

18 DE ENERO DE 1860

Estaba a los pies del risco de Lee cuando varios carboneros, emitiendo su débil canto, se me acercaron aleteando, como es su costumbre. Se dedican con afán a husmear bajo la corteza de los pinos broncos y, de vez en cuando, arrancan un trozo mientras se aferran con las garras a cualquier saliente de la rama. Por supuesto, van en busca de comida, pero veo que, de pronto, uno se lanza en picado hacia el ala de una semilla de pino, sin semilla, que hay sobre la nieve, y vuelve a subir. Dice C. que el otro día los vio enfrascados en estas mismas alas, por lo que no tengo duda de que se comen estas semillas.

El cielo que se refleja en el tramo abierto de la poza de Hubbard es más verde que en la realidad, y también de un azul más oscuro. Las nubes son más tenebrosas; el morado, más visible.


19 DE ENERO DE 1841

Coleridge, hablando del amor de Dios, dice: «Quien ama puede estar seguro de que antes fue amado». El amor con el que somos amados está ya declarado y flota en la atmósfera, y nuestro amor no es más que la entrada a éste. Es una cosecha inagotable, siempre madura y lista para la hoz. Crece en todos los arbustos, y que no lamenten su suerte quienes no lo arrancan. No debemos exigirlo como indigentes, sino pagar el precio y partir. No puede haber transacción más sencilla. La contabilidad del amor consta de un único asiento. Cuando somos amables, hay amor en la tempestad, en el sol y en la sombra, en el día y en la noche. Y suspirar bajo la gélida luna por un amor no correspondido es desairar a la naturaleza. El remedio natural sería enamorarse de la luna y de la noche, y ver correspondido nuestro amor.

Preveo una afinidad más absoluta con la naturaleza cuando mis fémures tapicen la tierra como las ramas que el viento ha esparcido. Estos humores fastidiosos florecerán convertidos en anémonas tempranas y, quizá, en el mismo saco lagrimal, alimentado por sus jugos, eche raíces un pino o roble joven.

Lo que yo llamo dolor, cuando hablo con el ánimo de un devoto y no como ciudadano del cuerpo, sería un estar sereno, si nuestros intereses fueran uno. La enfermedad es una guerra civil. No tenemos enemigos externos. Incluso la muerte sobrevendrá cuando haga las paces con mi cuerpo y ponga el sello en ese tratado que la justicia trascendente lleva tanto tiempo pidiendo. Al final, mi interés coincidirá con el suyo.

La mente nunca hace un gran esfuerzo sin la correspondiente energía del cuerpo. Cuando se sopesan grandes decisiones, los nervios no están relajados ni las extremidades destensadas.

19 DE ENERO DE 1854

En el relato que hace Josselyn de su viaje de Londres a Boston en 1638, cuenta: «El primer día de junio, por la tarde, con una niebla muy espesa, partimos hacia una isla encantada», etc. Este tipo de observación, que se encuentra en muchos relatos de viajes, parece ser un fragmento de la tradición procedente del primer relato de la Atlántida y su desaparición.

Varrón, tras enumerar a ciertos escritores al respecto de la agricultura, dice, sin darle importancia, que escribían «*soluta ratione*», es decir, en prosa. Esto sugiere la diferencia entre la imprecisión de la prosa y la exactitud de la poesía. Una expresión perfecta exige un ritmo o medida concretos por los que ningún otro puede sustituirse. La prosaica es siempre una expresión imprecisa.

19 DE ENERO DE 1856

Otro radiante día invernal.

POR LA TARDE. Al río, a recoger algodoncillos para ver de qué están hechos los nidos de las aves.

Mientras volvía a casa, por el pueblo, a las ocho y cuarto de la noche, bajo la luz radiante de una luna casi llena y a no más de dieciocho grados del cénit, con un viento del noroeste que, sin embargo, no era fuerte, y sí bastante frío, vi la disposición de las nubes, como cáscaras de sandía, a mayor escala y con más precisión que nunca antes. Había ocho o diez hileras de nubes, tan anchas que, con unos intervalos de cielo de igual tamaño, ocupaban toda la amplitud del firmamento, enormes cirrostratos blancos, en curvas perfectamente regulares de oeste a este por todo el cielo. Las cuatro centrales, que ocupaban la mayor parte del manto visible, eran de una especial nitidez.

Tenían todas una disposición tan regular como las franjas de una sandía, pero con los lados mucho más rectos, como cortados a cuchillo. He oído que atrajeron la atención de quienes estaban fuera a las siete de la tarde y ahora, a las nueve, no resultan apenas menos extraordinarias. A un lado del cielo, norte o sur, los intervalos azules parecen, por contraste, casi negros. Ahora, a las nueve, sopla un fuerte viento del noroeste. ¿Por qué estas franjas se extienden al este y al oeste? ¿Será el influjo del sol, que se puso ya hace mucho? ¿O de la rotación de la tierra? Las franjas que observo tan a menudo por las mañanas y por las tardes están relacionadas, en apariencia, con el sol, al menos en esos periodos.

20 DE ENERO DE 1841

La decepción nos volverá conocedores de la parte más noble de nuestra naturaleza. Nos hará escarmentar y nos preparará para enfrentarnos a accidentes en tierras más altas la próxima vez. Igual que Aníbal enseñó a los romanos el arte de la guerra, el infortunio no es más que un peldaño hacia la fortuna. Los momentos esporádicos que constituyen la manifestación más desalentadora del infortunio son un escalón ante mí sobre el que debo apoyar el pie, y no escollos en el camino. Para extraer todas sus bondades, debo decepcionarme con la mejor de las suertes y no dejarme sobornar por la luz del sol ni la salud.

Oh, Felicidad, ¿cuál es la materia de la que estás hecha? ¿No son acaso filamentos o telas de araña que flotan al viento? ¿Un rayo de sol arrugado, una hebra de rocío enroscada que se posa sobre alguna flor? ¿Qué momentos nos traerá la bobina de la que es posible desenrollarte? Eres tan sutil como el polen de las flores y las esporas de los hongos.

Cuando conozco a alguien distinto a mí, me encuentro a mí mismo y por completo en la diferencia. En lo que me diferencia de los demás, ahí es donde estoy.

Cuando pedimos compañía, no queremos el doble de nosotros mismos, sino, más bien, el complemento. La compañía ha de ser aditiva y útil. La alianza debe reforzarnos. Los verdaderos amigos sabrán cómo usarse unos a otros a este respecto y jamás regatear ni canjear su riqueza común, igual que el chalaneo se desconoce en las familias. No se aventurarán en los cofres generales, sino que cada uno meterá el dedo en el cofre particular del otro. Serán del todo conocidos, serán del todo desconocidos, pues hasta tal punto serán uno solo que los temas y cosas comunes habrán de intercambiarse entre ellos, pero, en silencio, los asimilarán como un único cerebro. Al mismo tiempo, serán tan fieles y dobles que cada uno será para el otro tan admirable e inaccesible como una estrella. Cuando viene mi amigo, contemplo su orbe «con el óptico cristal al caer la tarde, en la cima del Fiesole»[11]. Después del periodo terrenal más largo, para mí seguirá estando en el

---

[11] Del *Paraíso perdido* de John Milton, libro I, líneas 288 y 289. Trad. Bel Atreides.

apogeo. Pero debemos encontrarnos con nosotros mismos igual que nos encontramos con nuestros amigos y, aun así, buscarnos siempre a nosotros mismos en aquello que está por encima de nosotros y es distinto a nosotros. Sólo así veremos lo que bien ha dado en llamarse la luz de nuestro propio semblante.

Ah, nuestro indescriptible cielo invernal, entre el esmeralda y el ámbar, que el verano nunca ve. ¡Qué hay más bello o reconfortante a la vista que esas nubes exquisitamente divididas, como plumón o relleno de algodón, que ahora se acercan desde el oeste, por encima de mi cabeza! Bajo ellas, un estrato distinto, cuyos extremos están todos curvados, asemejando espuma o volutas. Con esta fibrosa pintura blanca, se dibuja todo tipo de figuras sobre el fondo azul.

En determinados lugares, mirando desde su parte más nevada, el bosque era increíblemente bello, blanco como el alabastro. De hecho, los pinos jóvenes hacían pensar en la más pura colección de estatuas, y los majestuosos ejemplares adultos que se alzaban alrededor lograban conmover como si se estuviera en el estudio de un escultor titánico, tan puro y delicado era su blancor, transmitiendo la luz, con los oscuros troncos por entero ocultos. Y, en muchos sitios en los que la nieve se extendía sobre hojas secas de roble entre el observador y la luz, los distintos matices del beis, tan delicados, se fundían con el blanco y acrecentaban su belleza.

¡Qué nuevo parece todo! Aquí, en los campos, hay una poza, ancha y poco profunda, que ayer era nieve medio derretida y se ha convertido hoy en un hielo ligero, blanco y lanoso. Es como el comienzo del mundo. No hay nada trillado allí donde una nieve nueva puede venir y cubrir todo el paisaje. El mundo no es sólo nuevo a la vista, sino silencioso como en el comienzo de la creación. Todas las briznas y hojas están calladas, no se oye ni un ave ni un insecto, sólo, quizá, el leve tintineo de un trineo en la distancia. La nieve sigue visiblemente adherida al lado noroeste de los troncos, hasta cerca de las copas, con un canto muy abrupto en esa dirección. Sería tan útil como una brújula para orientarse en un día nuboso o de noche.

Nos hemos topado con las huellas de un hombre y un perro, que he supuesto que serían las de C. Más adelante, mientras estaba enseñándole a T., bajo una ribera, el único apotecio color carne o rosa de un *Baeomyces* que la nieve no había cubierto, he visto la huella del pie de C. a su lado y he sabido que sus ojos se habían posado en él esa tarde. Tenía el tamaño de una cabeza de alfiler. También he descubierto dónde había estado observando los líquenes sobre los raíles.

Muy musical y dulce es ahora, como un cuerno, el ladrido de un perro raposero que oigo en algún bosque distante, mientras me detengo a escuchar en un campo solitario, remoto y silencioso.

Dudo de que pueda transmitir una idea del aspecto que tenía ayer el bosque. De pie en el medio, mirando en derredor sobre sus ramas y ramitas cargadas, parecía como si no quedara nieve ya para el suelo. Esos infinitos brazos blancos zigzagueantes, que se entrecruzaban en todos los ángulos posibles, encerraban por completo la vista como una pila ligera en un radio de tres o cuatro varas por todos lados, la perspectiva más invernal imaginable. Esa nieve que se cernía sobre los senderos del bosque era mucho más seca y ligera que en ningún otro lugar.

20 DE ENERO DE 1856

En mi experiencia, no he encontrado nada que de verdad empobrezca tanto como lo que llaman riqueza. Con ello me refiero al dominio de medios más grandes de los que antes se hubieran poseído, por pocos y aun menores que sean, pues así, inevitablemente, se adquieren unos hábitos de vida más caros, e incluso las mismas cosas básicas y comodidades cuestan más que antes. En lugar de ganar, se ha perdido una cierta independencia, y, si los ingresos se ven de pronto reducidos, se encuentra uno de inmediato pobre, aun poseyendo los mismos medios que en el pasado lo hicieron rico. En el transcurso de los últimos cinco años, he tenido en mi poder más dinero que en los cinco anteriores, pues he vendido algunos libros y he impartido varias conferencias. Sin embargo, no he estado ni un ápice mejor alimentado, vestido, caldeado ni cobijado, no he sido ni un ápice más rico, excepto en que he estado menos preocupado por mi vida, pero, quizá, mi vida ha sido menos seria por ello, y, al sopesarlo, pienso ahora que existe una posibilidad de fracaso. Quién sabe si volveré a verme en la ciudad, si, como es probable que ocurra, la gente no quiere ya más libros ni conferencias míos, como, con respecto a las últimas, ya está sucediendo. Antes, tenía muchas más probabilidades de echarme la ciudad sobre los hombros. Es decir, he perdido parte de mi independencia con respecto a ellos, cuando diríase que había conseguido más autonomía. Si deseáis que un hombre conozca la pobreza, dadle mil dólares. Los siguientes cien dólares que gane no valdrán más que los diez que ganaba antes. Apiadaos de él. Conteneos con vuestros regalos.

POR LA TARDE. Río arriba. Ahora se camina bien por el río, pues, aunque no ha habido deshielos desde que llegó la nieve, una buena parte se ha convertido en nieve helada al hundirse el hielo anterior bajo el agua. La corteza del resto es más fuerte que en los campos, porque la nieve es poco profunda y ha estado muy mojada. El río ofrece, así, tantas ventajas como una calzada, no sólo en verano y cuando el hielo está desnudo en invierno, sino incluso cuando la nieve alcanza un gran espesor en los campos. Tiene un valor incalculable para el caminante, al ser ahora no sólo la ruta más interesante, sino, con la excepción de la pista estrecha y desagradable de la carretera, la única practicable. La nieve no alcanza nunca sobre él tanto espesor como en los demás sitios y, si llega a ser espesa, hunde el hielo y pronto se transforma en nieve helada en gran medida, además de que el viento se la lleva del valle fluvial. Además, aquí tampoco se acumula. Donde es del todo imposible caminar durante el verano, se camina mejor que en ningún otro lugar durante el invierno. Pero ¡qué distinto el borde del río con respecto al verano! En este momento, no oigo zumbidos de insecto ni veo pájaros ni flores. Ese museo de la vida animal y vegetal, el prado, queda ahora reducido a una capa uniforme de nieve blanca, sobre la que no crecen más que cinco o seis tipos distintos de arbustos y hierbas aquí y allá.

### 20 de enero de 1857

Me han contado que el puerto de Boston se congeló el día 18 hasta Fort Independence.

El río lleva congelado en todas partes, excepto en los poquísimos sitios con más rápidos, desde alrededor del 18 de diciembre, y en todas partes sin excepción desde más o menos el 1 de enero.

Desde la casa de R. W. E. [Emerson] esta tarde, alrededor de las seis, me llamaron para que saliera a ver la cueva de E. en la nieve. Era un hoyo de unos dos pies y medio de ancho por seis de largo en un montón de nieve, un poco serpenteante, y le había puesto una lámpara en lo más profundo. Observé, al acercarme en una trayectoria que formaba un ángulo recto con el largo de la cueva, que su entrada estaba iluminada como si la luz estuviera cerca, por lo que no sospeché su longitud. En efecto, la luz de esa lámpara se reflejaba y distribuía de un modo notable. Las paredes de nieve eran un reflectante universal de infinitas caras. Creo que una sola lámpara bastaría para alumbrar un salón construido con este material. La nieve que había junto a la entrada de la cueva me pareció, al acercarme, del color amarillo de la llama, como si la lámpara estuviese muy cerca. Después, enterramos la lámpara en una pequeña cripta de aquel montón de nieve, la dejamos allí metida y vimos que su luz era visible incluso en el ocaso, a través de quince pulgadas de nieve que refulgía con aquel candil. De haber estado más oscuro, es probable que hubiera sido visible a través de un espesor mucho mayor. Pero lo que más me sorprendió, cuando E. se metió reptando hasta el fondo de su cueva y se puso a gritar con todas sus fuerzas, fue que su voz sonaba absurdamente débil, como si estuviera a un cuarto de milla de distancia. Al principio, no me creía que estuviera hablando en voz alta, pero todos fuimos metiéndonos por turnos y, aunque nuestras cabezas estaban sólo a seis pies de quienes quedaban fuera, nuestros fortísimos gritos no hacían sino divertirlos y sorprenderlos. Al parecer, la nieve, con su porosidad, absorbía todo el sonido. La voz quedaba, de hecho, amortiguada por las paredes blancas, y observé que, si estuviéramos en ese agujero pidiendo ayuda a gritos y unos transeúntes pasaran a veinte pies, sería en vano. Tenía el efecto de la ventriloquía. Así pues, sólo hace falta construirse una casa de nieve en el jardín y pasar una hora dentro de ella para hacerse una idea de cómo es la vida de los esquimales.

Entre cuatro o cinco lucios en un «pozo» del río, encuentro uno con unas franjas transversales bien nítidas al fijar la mirada en su lomo; no exactamente cruzándole el lomo, sino como si le salieran de un lado, mientras que todos los demás son de un color oscuro uniforme por encima. ¿No se tratará del *Esox fasciatus*?

El verde del hielo y el agua empieza a ser visible una media hora antes del ocaso. ¿Se produce al mezclarse el reflejo del azul del cielo con el amarillo o rosa del sol poniente?

El hombre es el artífice de su propia felicidad. Ha de guardar cuidado cuando se queje de cómo se presentan las circunstancias, pues estará culpando a su propia disposición. Si ésta es amarga, ésa es irregular o aquella otra es abrupta, ha de pensar si no será obra suya. Si su mirada hiela todos los corazones, no ha de quejarse ante una acogida amarga; si renquea al caminar, no ha de refunfuñar por lo accidentado del camino; si es de rodillas débiles, no ha de protestar por que la pendiente es abrupta. Esto venía a decir la inscripción que había en la pared de aquella posada sueca: «¡En Trolhate hallarás pan, carne y vino excelentes, siempre que los traigas contigo!».

Esta mañana, todas las hojas y ramitas estaban recubiertas de una centelleante armadura de hielo. Hasta de las hierbas del campo abierto pendía un sinfín de diamantes que brillaban alegremente cuando los rozaba el pie del viajero. Era como si, durante la noche, se hubiera retirado algún estrato superior de la tierra y quedara al descubierto un lecho de cristales inmaculados. El paisaje cambiaba con cada paso o al inclinar la cabeza a la derecha o la izquierda. Allí estaban el ópalo, el zafiro y la esmeralda, el jaspe y el berilo, el topacio y el rubí.

Tal es siempre la belleza, no aquí ni allí, ahora ni entonces, ni en Roma ni en Atenas, sino donde haya un alma que admire. Si la persigo en otro lugar porque no la encuentro en casa, mi búsqueda será infructuosa.

21 DE ENERO DE 1841

Podemos prestarles a los hombres la mejor de las ayudas haciéndoles ver cuán extraño es necesitar ayuda alguna. No tengo más apuro por ayudar a los hombres que el que tiene Dios. Si no se ayudan a sí mismos, ¿he de convertirme yo en su cómplice?

Si he herido sin pretenderlo los sentimientos de alguno, o profanado su carácter sagrado, debemos conocernos

150

mejor. He obtenido entonces una posición ventajosa, y, para el otro, el trato injusto que causó el daño llevará consigo su propia cura, pues no se nos puede profanar sin la conciencia de que, en algún lugar, tenemos un templo sagrado en el que refugiarnos. ¡Ojalá las palabras sinceras llevaran siempre a que los hombres vuelvan, así, a la tierra!

21 DE ENERO DE 1852

Anotad verdades que guarden la misma relación y valor con respecto al siguiente mundo —es decir, el mundo del pensamiento y del alma— que los que guardan las noticias políticas con respecto a éste.

Esta noche he oído la conferencia de X. ¿Por qué no me ha gustado más? ¿Puedo negar que ha sido buena? Quizá deba justificar ante mí mismo, al menos, una aversión latente por aquello que otros admiran, y no esté preparado para criticar. Pues bien, no me ha gustado porque no consiguió gustarme, así de simple; no me cautivó. El conferenciante no era lo bastante sencillo. En su mayor parte, la forma subyugó, asfixió, sofocó, ocultó el contenido. Me veía inclinado a olvidar que estaba hablando, transmitiendo ideas, pensé que se había producido un interludio. No hay que tratar nunca de aportar el tono que se crea adecuado para determinadas frases. Es como si un hombre cuyo ánimo estuviera tranquilo aportara los tonos y gestos de un hombre angustiado que sólo encontrara palabras. Uno da un discurso, y otro, por detrás, hace los gestos. Luego me recordó a Emerson, y no pude permitirme que me recordara al mismo Jesucristo. Sin embargo, ¿quién puede negar que fuera buena? Había esa inteligencia, esa forma de ver las cosas (unida a un talento de lo más peculiar), que es la propiedad común de esta generación. Un hombre da lo mejor de sí cuando es más él mismo.

Nunca había sido tan consciente como en este momento de que estoy separándome del mejor amigo que nunca he tenido, por el hecho de que cada uno está siguiendo su propio camino. Pero me doy cuenta también de que es posible que nos entendamos mejor ahora que cuando más de acuerdo estábamos, al no esperar, como antes, coincidir en lo esencial. Simplemente, nuestros caminos divergen.

21 DE ENERO DE 1853

Una noche magnífica, templada y calma, iluminada por la luna, que aún no está llena. Camino hacia el bosque que hay junto al Deep Cut, a las nueve en punto. El azul del cielo nocturno es para mí una sorpresa perpetua que me sugiere la presencia y prevalencia constantes de la luz en el firmamento, el color que lleva de día y que vemos a través del velo de la noche hacia el azul constante. La noche no es negra cuando el aire es límpido, sino aún azul, como de día. El inmenso mar de luz y éter no se ve afectado por nuestra noche parcial. A medianoche, veo el día universal.

En cierto modo, me oprime y entristece la monotonía y aparente pobreza de los cielos, que estas figuras geométricas, pocas e irregulares, que forman las constelaciones sean las mismas que veían los pastores caldeos. Ansío un mundo nuevo en los cielos así como en la tierra, y, aunque presta algún consuelo oír hablar de la jungla de estrellas y de los sistemas invisibles a simple vista, el cielo no transmite la misma impresión de variedad y naturaleza que nos hace llegar incluso el bosque. Transmite una impresión, más bien, de simpleza e inmutabilidad, diríase de leyes eternas. Me da la impresión de que está perforado por rayos visuales procedentes de un millar de observatorios. Es más del ámbito de la ciencia que del de la poesía. Lo que yo quisiera conocer son las estrellas tal y como no las conoce la ciencia, las estrellas que conoce el viajero solitario. Los pastores caldeos no veían las mismas estrellas que veo yo, y, si me elevo lo más mínimo hacia el cielo, no acepto la clasificación que hicieron de ellas. No pienso dejar que me distraigan los nombres que les impusieron. El sol que yo conozco no es Apolo, igual que no es Venus el lucero del alba. El cielo debería ser tan nuevo, al menos, como nuevo es el mundo. La clasificación de las estrellas está vieja y rancia. Es como si hubiera crecido moho en el cielo, como si las estrellas, de tan apiñadas, se hubieran recalentado y hubieran criado roya. Si parecen fijas es porque los hombres han necesitado verlas así. Nuestra ciencia son unas cuantas anécdotas, con unas pocas afirmaciones solemnes relativas a la distancia y al tamaño, y poco o nada que ver con las estrellas en su relación con el hombre. Le enseña a medir un terreno o a pilotar un barco, y no a dirigir su vida. La astrología contenía el germen de una verdad mucho más elevada que ésta. Puede ser que las estrellas le resulten mucho más relevantes y verdaderamente celestiales al carretero que al astrónomo. Los niños estudian astronomía en la escuela de su barrio y aprenden que el sol está a noventa y cinco millones de millas de distancia y cosas así, afirmación que a mí nunca me ha causado impresión alguna, porque jamás la he recorrido a pie, y tampoco puede decirse que la crea. Sin embargo, el sol brilla. Aunque se multiplican los observatorios, los cielos reciben muy poca atención. Es fácil que a simple vista se alcance a ver más lejos que con la ayuda de algún artefacto. Depende de quién mire a través de él. El ojo humano es el auténtico descubridor de estrellas, el gran buscador de cometas. No se ha inventado mejor telescopio. En los grandes, el retroceso es igual a la fuerza del disparo. «El ojo del poeta, en divino frenesí»[12] abarca de la tierra al cielo, algo que no suele hacer el ojo del astrónomo. No ve mucho más allá de la cúpula del observatorio.

Mientras recorro a pie las vías elevadas del tren, me molesta el sonido de mis pasos sobre la tierra helada. Quisiera oír el silencio de la noche. No puedo caminar con los oídos tapados, pues el silencio es algo positivo y ha de oírse. Debo quedarme quieto y escuchar con el oído abierto, lejos de los ruidos del pueblo, para que la noche deje en mí su huella, un silencio fértil y elocuente. A veces, el silencio es meramente negativo, un páramo árido y yermo en el que

---

[12] De *Sueño de una noche de verano*, de William Shakespeare, acto V, escena I.

me estremezco, donde no crece ambrosía alguna. Debo oír el susurro de un sinfín de voces. Merece la pena oír sólo el silencio. Tiene distintas profundidades y fertilidad, como la tierra. Ora es un simple Sáhara en el que los hombres mueren de hambre y sed, ora un suelo fértil y una pradera del Oeste. Cuando salgo del pueblo y me acerco al bosque, presto atención de tanto en tanto para oír a los sabuesos del silencio aullando a la luna, para saber si van tras alguna presa. Si no hay ninguna Diana en la noche, ¿de qué sirve? El silencio canta. Es musical. Recuerdo una noche en que era audible. Oí lo inefable.

Si la noche es la mera negación del día, no oigo en ella más que mis propios pasos. La muerte va conmigo y la vida queda lejos, muy lejos. Si los elementos no son humanos, si los vientos no cantan ni suspiran, igual que parpadean las estrellas, mi vida discurre con poca profundidad. Mido la hondura de mi propio ser.

Cuando entro en el bosque, me nutren la variedad y las formas de los árboles en lo alto, sobre el fondo azul, con las estrellas visibles entre los pinos, como lámparas que colgaran de ellos para iluminar la delicadeza un tanto borrosa y vaga de las copas de los pinos, el ramo bellamente dividido de los robles, etc., y la sombra de todos ellos en la nieve. La primera sombra a la que llegué me pareció un punto negro en el que los leñadores hubieran hecho fuego. Ese sinfín de sombras dibuja un damero en el suelo blanco y acentúa la claridad de las partes iluminadas. Imaginad las sombras de estos robles jóvenes que han perdido la mitad de las hojas, más hermosas que los propios árboles, como la sombra de una lámpara de araña; pero, si sacudís el árbol, todo se moverá.

En esta quietud y a esta distancia oigo sonar las campanadas de las nueve en punto en Bedford, a cinco millas de distancia, que nunca oigo desde Concord, pero aquí su música se impone sobre el estruendo del pueblo y contiene algo muy dulce, noble y estimulante, que tiene que ver, en realidad, con el ululato de los búhos.

Al volver, creí oír el chirrido de una carreta, que parecía provenir de la zona adyacente a la puerta de Hubbard, y sonaba extrañamente musical. Era el arpa del telégrafo. Empezó a sonar sólo en un punto. Es muy irregular y no suena más que cuando le apetece. Puedes pasar por allí veinte veces, ya sople fuerte o suave el viento, en la dirección que le plazca, y aun así no escuchar en ella nota alguna. Pero en otro momento, en un punto determinado, quizá se oiga un compás que se alza y va creciendo sobre el cable y que, al fin, puede madurar y transformarse en algo espléndido. El cable se afanará quizá largo rato con él antes de alcanzar una melodía.

Hasta en el crujido de una carreta en una noche gélida hay una música que la alía con los compases más elevados y puros de la musa.


21 DE ENERO DE 1857

Resulta sorprendente la gran cantidad de huellas de zorro que se encuentra muy cerca del pueblo, por donde

156

han estado los animales durante la noche, y, aun así, un paseante común no logrará ver ninguno más que una vez cada ocho o diez años.

Mientras camino enfrascado y contemplando la cerca de raíces, siguiendo el camino de Corner, una enorme bandada de escribanos nivales se posa tras un vuelo circular entre la maleza que asoma sobre la nieve, serán uno o dos centenares. Corren sin descanso entre la maleza, por lo que apenas consigo vislumbrarlos con mis binoculares. De repente, todos se elevan y vuelan sólo dos o tres varas, y se posan a unas tres varas de mí. Mantienen un gorjeo constante. Es como si estuvieran listos para emprender en cualquier momento un vuelo más largo, pero su cabecilla aún no hubiera dado la orden. De pronto, se alejan otra vez con un nuevo movimiento circular y los veo posarse en un campo lejano en el que la maleza asoma por encima de la nieve, pero, al cabo de unos minutos, se marchan también de éste y parten más al norte. Además del timbre susurrante, tienen un vibrante gorjeo, y de los merodeadores llega un piar muy dulce cuando vuelan tras la bandada que desaparece. ¡Qué criaturas tan independientes! Van tras su alimento de norte a sur. Si Nuevo Hampshire y Maine están cubiertos por un espeso manto de nieve, bajan hasta Massachusetts en busca del desayuno. Si no les gustan las semillas de este campo, se precipitan a otro lejano, atraídos por la maleza que asoma sobre la nieve. ¿Quién sabe en qué campo, junto a qué río o montaña, desayunaron esta mañana? No pareció que fueran conscientes de mi cercanía, pero, cuando se marcharon, su ola rompió sobre mí como si fuera yo una roca. Tienen el placer de la compañía en sus festines, cien comensales a la vez, hablando sin parar mientras almuerzan, recordando lo que sucedió en Grinnell Land. Cuando pasaron volando por encima de mí, me resultaron hermosos, como anchas franjas blancas alternando con otras negras.

## 22 DE ENERO DE 1852

Al levantarme a encender una lámpara en mitad de una noche sofocante, quizá para matar un mosquito, observé una oleada de grandes hormigas negras que subía y bajaba por uno de los pilares desnudos de la esquina. Las que descendían llevaban en la boca sus enormes huevos o larvas de color blanco, y las otras ascendían apresuradas en busca de otro cargamento. Supuse que el calor que hacía bajo el tejado las había llevado a trasladar a su progenie hasta un lugar más fresco. Evidentemente, habían tomado y comunicado la decisión de aprovechar el frescor de la noche para retirar a sus crías hasta un emplazamiento menos caluroso y más seguro, mediante una fila que iba hacia arriba y otra hacia abajo, con gran diligencia.

Pero ¿por qué cambié? ¿Por qué me marché del bosque? No creo que sea capaz de responder. He deseado muchas veces regresar. Tampoco tengo más idea de cómo es que me dio por ir allí. Tal vez no sea asunto mío, aunque sí lo sea vuestro. Tal vez quería un cambio. Hubo un poco de estancamiento, quizá, sobre las dos en punto de la tarde. El eje del mundo crujió, como si necesitara lubricación, como si los bueyes se afanaran con la carreta y a duras penas pudieran hacer pasar su carga sobre la cresta del día. Tal vez, si viviera allí mucho más tiempo, podría quedarme para siempre. Habría que pensárselo dos veces antes de aceptar el cielo con esas condiciones. Una entrada para el cielo debe incluir una entrada para el limbo, el purgatorio y el infierno. La entrada para el palco te da acceso también al foso.

Cuánta botánica les debemos a los árabes... Una gran parte de nuestros nombres comunes de plantas parece ser árabe.

Los placeres del intelecto son permanentes; los del corazón, transitorios. Mi amigo me invita a que le lea mis papeles. Lo haría encantado si me escuchara. Para ello no debe oír con tosquedad, sino con finura, y sin sufrir lo más mínimo al pasar por el tamiz de la escucha. ¡Relacionarse durante años, gozosamente, con quien no se ha coincidido nunca en las ideas! Una afinidad rebosante, aunque no haya comunión intelectual. ¿No podríamos coincidir en un terreno más elevado con el mismo entusiasmo? Resulta aburrida la tarea de leer ante quien no te comprende. ¿Cómo se puede proseguir? Aun así, me atendré a la verdad en la conversación y el trato con mis amigos, ya consiga con ello acercarlos o alejarlos de mí. No seré menos amigo vuestro por responderos con franqueza, aunque fríamente. Hasta el distanciamiento de los amigos es un hecho que ha de contemplarse con serenidad, como ocurre en el curso de la naturaleza. No sirve de nada mentir de palabra ni de hecho. ¿No os resulta agradable la verdad perpetua?

Al anotar las elecciones que mis propios escritos puedan inspirarme, quizá pueda, por fin, construirlos todos valiéndome de partes. Desde luego, es una profesión aparte la de rescatar del olvido y fijar los sentimientos y pensamientos que visitan a todos los hombres de manera más o menos general. Que la contemplación del cuadro inconcluso puede sugerir su armoniosa terminación. Relacionaos de forma reverente y tanto como podáis con vuestros pensamientos más nobles. Todo pensamiento bienvenido y anotado es un nido junto al que se depositarán más. Quizá sea éste el principal valor del hábito de la escritura, de llevar un diario: que así recordemos nuestros mejores momentos y nos sirvan de estímulo. Mis pensamientos me hacen compañía. Tienen una cierta individualidad y su propia existencia, es decir, su propia personalidad. Tras anotar por casualidad unos cuantos pensamientos inconexos y luego ponerlos unos junto a otros, sugieren un terreno completamente nuevo en el que es posible trabajar y reflexionar. El pensamiento engendra pensamiento.

Cuando un hombre me hace una pregunta, lo miro a la cara. Si no veo en ella afán de indagación alguno, no puedo responder. Anoche, un hombre me preguntó por el frío de este invierno en comparación con otros. Lo miré. Su rostro no expresaba más curiosidad ni relación conmigo que un flan. Le di una respuesta sin ton ni son.

Y estuve dándole largas hasta que fue sincero. Quería entablar conversación.

En la prédica o misión de los jesuitas que convertían a los indios en Canadá había sinceridad. No cabía sospechar motivos siniestros. Los salvajes no eran torpes en su observación ni en su raciocinio. Los sacerdotes, pues, tenían el éxito garantizado, pues habían pagado el precio correspondiente.

No nos resistimos a las invitaciones sinceras. Son, de hecho, irresistibles. Cuando mi amigo me pide que me quede y yo no lo hago, a menos que sea por otro compromiso, es porque no me siento invitado. No tiene en realidad intención de invitarme. Debemos averiguar el verdadero ánimo de nuestros amigos. Pasé muchos años visitando a mi amigo constantemente, y él postergaba nuestra amistad por compromisos triviales, de forma que no nos veíamos nada de nada. Cuando, varios años después, tuvo tiempo libre para pasarlo conmigo, no me sentí invitado a ir a su encuentro.

22 DE ENERO DE 1854

Últimamente, he visto en una o dos ocasiones los tonos madreperla y motas de arcoíris en el cielo de poniente. El momento habitual es cuando el aire está limpio y muy fresco, más o menos una hora antes del ocaso. Ayer vi un espécimen muy duradero, como un mango largo de cuchillo de color madreperla, muy claro, con el interior azul

161

y matices rosáceos. Creo que el cielo estival no lo muestra nunca con tanta exquisitez.

Ninguna segunda ventisca durante el invierno puede ser tan bella e interesante como la primera.

Lluvia intensa por la noche y la mitad del día de hoy, con un viento muy fuerte del sur que se llevaba la nieve y llenaba el camino de agua. Resulta muy emocionante ver, donde últimamente no había sino hielo y nieve, oscuros lagos con olas que recorren en furiosos torrentes los canales, por lo general secos, que discurren bajo las calzadas, oír la estampida y el clamor de las aguas y vislumbrar olas desenfrenadas allí donde, en verano, no suele haber más que guijarros secos. Las ratas almizcleras que el agua ha hecho salir de sus agujeros son numerosísimas. Sin embargo, muchos de sus refugios están por encima del agua en el brazo sur. Aquí no hay ninguna. Vimos por lo menos quince o veinte criaturas de éstas entre el puente de Derby y el manantial de Tarbell, nadando con sorprendente rapidez río arriba o abajo, o cruzándolo para evitarnos, o bien sentadas en la orilla, o descansando en el borde del hielo o en alguna rama de aliso justo en la superficie. Una estuvo acicalándose después de su frío baño, sin importarle nuestra presencia, hundió el hocico en el pelaje y se rascó la oreja como si fuera un perro. Muchas nadaban hacia un manzano que había en mitad del agua, con la vana esperanza de hallar en él un sitio en el que descansar y cobijarse. Me fijé en una, de color marrón bastante rojizo, que se afanaba en alimentarse de una planta justo en el borde del agua, hundiendo la cabeza por debajo. Luego oigo río arriba el sonido del arma de Goodwin y veo su morral rebosante de ratas almizcleras muertas.

## 22 DE ENERO DE 1857

Le he preguntado a Minott por el frío viernes. Dijo: «Fue un frío desagradable, punzante como el aguijón de una avispa». Recuerda haber visto tirar agua hacia arriba en el taller de un zapatero, un lugar que suele estar muy caldeado, y que, al llegar al suelo, se había congelado ya y repiqueteaba como un montón de perdigones.

## 22 DE ENERO DE 1859

Anoche, el cazador de ratas almizcleras, con mayor provisión de pólvora y cartuchos y con su barca, apareció en algún lugar de la orilla, ahora que el río crece con rapidez, soñando con sus proezas de hoy y abatiendo a estas criaturas, con el enorme montón de ratas muertas que lastrará su barca antes de que caiga la noche, cuando regrese, mojado, exhausto y castigado por las inclemencias del tiempo, a su cabaña, hambriento de comida y de holganza con sus compañeros. Incluso él, aun siendo un trozo de pedernal oscuro, romo y maltrecho, es ahora un hombre motivado en la medida de sus posibilidades, quizá más motivado que nadie por esta avenida de agua, y los prados del Musketaquid no pueden prescindir de su presencia. Hay poetas de todo tipo y nivel, poco conocidos entre sí. La escuela lakista no es la única ni la principal. Adoran cosas diversas: unos adoran la belleza y otros adoran el ron, unos van a Roma y otros a pescar, y una vez al mes acaban en el correccional. Mantienen encendidos sus fuegos por medios que yo desconozco. No sé nada de sus idas y venidas. ¿Cómo voy yo a saber qué violetas esperan ver? Sé que están exaltados y dispuestos a arriesgarlo todo cuando se les presenta la musa. Los más perezosos se levantarán entonces muy temprano y se enfrentarán a la humedad y el frío. Me cruzo con estos dioses del río y el bosque de rostro centelleante (como el de Apolo), tarde, cuando vienen del correccional, quizá, acarreando a escondidas botellas místicas y prohibidas u otros recipientes, mientras los aburridos y convencionales sacerdotes guían las balsas de su parroquia con un ánimo prosaico. Qué interés tiene para mí ver galerías llenas de representaciones de dioses celestiales, cuando puedo ver dioses vivos de verdad, hechos por un artista infinitamente superior. Al leer el *Rigveda*, el más antiguo de los libros, por así decirlo, que describe un pueblo y una situación muy primitivos, oigo hablar de las plegarias de una raza aún más antigua, más primitiva y aborigen, en su corazón y sus alrededores, en contienda con ellos, que se apodera de sus rebaños y manadas e invade sus pastos. Así ocurre, en otro sentido, en todas las comunidades, y de ahí las cárceles y la policía. Oigo hoy estos disparos y debo confesar que son para mí un sonido primaveral y estimulante, como el canto del gallo, aunque cada uno pueda implicar la muerte de una rata almizclera. Éste, creo, o uno parecido, con cualquier mezcla de desechos, es el verdadero himno matinal o vespertino que sube hoy en día de estos valles, y que repiten las estrellas. Ésta es la mejor forma de alabar a Dios y gozar de Él que prevalece aquí en estos días. Igual que a una madre le encanta ver a sus hijos nutrirse y crecer, a Dios le encanta ver a sus hijos florecer gracias al alimento que Él les ha proporcionado. No se puede reprimir a estos hombres aborígenes, pues, bajo una apariencia u otra, sobreviven y reaparecen continuamente. Con la misma facilidad con que el cuervo se lleva los gusanos que encuentra en el campo y que el deshielo ha sacado, estos hombres se llevan las ratas almizcleras que el agua ha sacado de las orillas. Y, con algunos de estos fines, los hombres aran y navegan, y fabrican pólvora y cartuchos, y existe un tendero que los vende, aunque se vea a sí mismo mucho más como el diácono de una iglesia.

22 DE ENERO DE 1860

Río arriba, hasta la laguna de Fair Haven. Allí donde los juncos crecen exuberantes y no se han cortado, como en la orilla del río y los prados, qué magníficos escondrijos para ratones se forman en esta estación. Adoptan forma de arco y la nieve descansa sobre todo en sus extremos, mientras que la parte central se eleva de seis pulgadas a un pie, y crea una tupida techumbre, podría decirse, incluso cuando todo está cubierto de nieve, bajo la cual los ratones pueden correr libremente, a salvo del viento y de los zorros. Cuando se ha fundido una capa de nieve que era bastante profunda, sorprende ver, al pasear por uno de estos prados, la altura y ligereza de los juncos, como si no hubiera existido presión alguna sobre ellos. Crecen, quizá, en densos penachos o matas y, cuando se vuelcan, forman una techumbre tupidamente entretejida.

La naturaleza ofrece cobijo de distintas maneras a sus criaturas. Si la rata almizclera se ha quedado sin amplios campos de maleza y hierba por los que corretear, cuenta con un enorme pasto bajo el hielo de los prados y riberas, pues, al asentarse el agua justo después de congelarse, se le proporciona un techo helado de extensión indefinida, y pasa casi todo el invierno a cubierto, resguardada del viento e invisible para el hombre.

23 DE ENERO DE 1841

El día transcurre. Oigo a los gallos jóvenes cantar en el patio y los veo acechando entre el estiércol, al sol. Oigo pasos atareados por los suelos y el frenesí sacude toda la casa. No cabe duda de que la jornada se ha invertido bien y el tiempo está a punto de desbordarse. La humanidad está tan ocupada como las flores en verano, que

166

se apresuran a desplegarse por la mañana y cierran sus pétalos por la tarde. Los temas trascendentales de la vida humana parecen siempre de importancia secundaria con respecto al asunto que tenemos entre manos, igual que los carpinteros hablan de política entre martillazos, mientras colocan los tablones de una techumbre. El chirrido de la bomba suena igual de necesario que la música universal. La solidez y aparente necesidad de esta rutina resulta un polo que nos atrae inconscientemente. Es como un bastón o un cojín para el enfermo y, a la vista de ello, todos están enfermos. Si sólo hubiera un árbol erguido y firme en el bosque, todas las criaturas irían a frotarse contra él y a cerciorarse de su estabilidad. La rutina es un terreno sobre el que alzarse, un muro al que retirarse. No podemos calzarnos las botas sin agarrarnos bien a ella. Nuestra salud nos exige que nos recostemos sobre ella de tanto en tanto. Cuando estamos inmersos en su seno, la mano permanece, detenida, sobre la esfera del reloj, y crecemos como el maíz en la agradable oscuridad y el silencio de la noche. Nuestra debilidad la desea, pero nuestra fuerza la usa. Bueno para el cuerpo es el trabajo del cuerpo, bueno para el alma es el trabajo del alma, y bueno para cada uno de ellos es el trabajo del otro. Que no se dirijan palabras duras ni conozcan un interés dividido.

Cuando percibo algo bello en cualquier recoveco de la naturaleza, el ánimo sereno y retirado con el que es necesario contemplarlo me recuerda la inexpresable intimidad de una vida. ¡Qué callada y carente de ambiciones es!

167

La belleza que hay en el musgo ha de estudiarse desde el rincón más sagrado y tranquilo. Los dioses se complacen en el silencio. Mis momentos más sinceros y serenos son demasiado tranquilos para la emoción. Tienen los pies de lana. En todas nuestras vidas, bajo la montaña vivimos y, si no nos marchamos, allí mismo seguimos.

23 DE ENERO DE 1852

En el Deep Cut, hacia la colina de Fair Haven. No suena la música del arpa del telégrafo por las vías elevadas, donde el viento sopla fuerte, pero en el tajo, en este día tan frío, oigo unos compases memorables. Allí donde atraviesa el bosque, ¿qué pensarán las aves y las bestias, que antes sólo oían el gemido de los árboles? Cabe prever que estos compases acabarán al fin entrando en la música de estas criaturas. ¿No se oirá un día al ruiseñor introducir este ritmo en su popurrí? Me resulta embriagadora. Orfeo sigue vivo. La poesía y la mitología reviven. Los espíritus de todos esos bardos acarician las cuerdas. Oigo límpidas notas plateadas, como de lira, notas dignas de Tirteo. Es la música más gloriosa que he escuchado jamás. Los bardos reviven y florecen de nuevo durante estos cinco minutos en el Deep Cut. La brisa llegó atravesando un roble que aún agitaba sus hojas secas. Las notas, delicadísimas y limpias, parecían provenir del corazón mismo del poste de telégrafo. No sé si son mis propios acordes los que tiemblan de forma tan divina. Hay tonos graves y tonos altos y agudos, y algunos vienen, al parecer, de otro punto más lejano del cable. La música latente de la tierra parece haber encontrado aquí un respiradero, un arpa eólica. Así, como siempre, los usos más refinados de las cosas son los accidentales. El señor Morse no inventó esta música.

Hay personas cuyos oídos me ayudan de forma tal que mis cosas adquieren un extraño significado cuando se las leo. Es una escucha casi demasiado buena, de manera que, en ese momento, considero mi propia escritura desde un punto de vista demasiado favorable.


### 23 DE ENERO DE 1854

El amor tiende a purificarse y sublimarse. Mortifica la carne y triunfa sobre ella, y el vínculo de su unión es la santidad.

Últimamente resulta evidente la mayor duración de los días. Qué es un invierno, a menos que te levantes y salgas con frecuencia antes del alba y a la luz de las estrellas. Varrón habla de lo que denomina, creo, ocupaciones invernales de la granja previas al amanecer (*antelucana*). Una de las más importantes, en estos lares, es el ordeño. Hablando de la villa rústica, dice que la cocina ha de estar en un lugar adecuado, «ya que allí, en invierno, se tratan muchas cosas importantes antes del amanecer (*antelucanis temporibus*) y en ella se prepara la comida y se toma el almuerzo». En el estudio, ¿acaso no hay cosas que hacer antes del alba y determinada comida que ha de prepararse allí?

El día más frío que recuerdo haber registrado, despejado y luminoso, pero con un viento muy fuerte que arrastraba la nieve. La tinta se ha congelado; he tenido que romper el hielo de mi balde con un martillo. Termómetro a las 6.45, -28°; a las 10.30, -25°; a las 12.45, -23°, a las 16.00, -21°; a las 19.30, -22°. Puedo decir sin temor a equivocarme que la temperatura más alta que ha marcado hoy nuestro termómetro ha sido -20°. Durante el paseo vespertino, observo que la cara tiende a ponérseme rígida. Al salir por primera vez cuando hace mucho frío, me doy cuenta de que respiro muy rápido, aunque sin caminar más aprisa ni esforzarme más de lo habitual.

Alrededor de las 6.30, el mercurio se halla dentro del bulbo del termómetro; el de Smith, en el mismo clavo, marca -34°. A las 9.30, el nuestro -28°, y el de Smith, -30°, lo que indica que nuestro termómetro habría llegado a los -32° a las 6.30, si fuera lo bastante largo. A las 11.30, el nuestro marcaba -18°; a las 16.00, -11°.

### 25 DE ENERO DE 1857

Y otra mañana muy fría. El termómetro de Smith, por encima del nuestro, -34°, el mercurio dentro del bulbo del nuestro. Pero, sobre las 7, el nuestro marcaba -28°, y el de Smith, -31°. El nuestro, por lo tanto, al comienzo del día, rondando los -30°.

### 26 DE ENERO DE 1857

Otra mañana fría. Nadie miró temprano, pero, sobre las 8, hacía -25°. He visto el puerto de Boston congelado, como había estado ya en alguna ocasión. Me recordó, creo, al puerto de Winter Harbor, en Parry, con los barcos atrapados. He visto a miles de personas sobre el hielo, un torrente de hombres que estaban abriendo un canal hasta la ciudad. Se dice que el hielo alcanzaba las catorce millas. La nieve estaba intacta en muchos muelles.

El hielo, finalmente, no se fue hasta alrededor del 15 de febrero.

### 28 DE ENERO DE 1858

Seguimos con un tiempo maravillosamente templado y agradable. La tierra lleva sin nieve desde el día 11. Esta mañana hacía más frío que antes. No he podido subir por el brazo norte este invierno, ni seguir el canal del brazo sur en ningún momento.

POR LA TARDE. Al arroyo Saw Mill. Una tarde preciosa. Este invierno les he dado poco uso a los guantes, aunque he estado midiendo mucho durante tres meses. El sol y el canto de los gallos, la tierra sin nieve, etc. me recuerdan a la primavera.

De pie en el puente sobre el arroyo Mill, en el Turnpike, donde sólo hay un poco de hielo en el lado sur, veo varias chinches de agua (*gyrans*) nadando por ahí, como si fuera primavera.

En la laguna de Ditch, oigo lo que tomo por el ladrido de un zorro, un sonido sumamente áspero, ronco e irregular, prolongado quizá por el eco, como el de un cachorro debilitado, o incluso un niño tratando de gritar, pero refrenado por el miedo. Sin embargo, es una nota alta. Atraviesa de tal forma el bosque, mientras estoy en la hondonada, que no soy capaz de distinguir de qué lado viene. Lo oigo ladrar cuarenta o cincuenta veces, por lo menos. Es un sonido peculiar, muy distinto de cualquier otro sonido de los bosques que yo conozca.

¿Quién puede poner en duda que, por un sino determinado, los hombres son lo que son y que se enfrentan a dificultades desconocidas e imprevistas o que unas circunstancias igualmente misteriosas y propicias los animan y ayudan? ¿Quién puede poner en duda esta diferencia esencial e innata entre un hombre y otro hombre, cuando se considera una raza en su conjunto, como los indios, que mueren de forma inevitable y con resignación a pesar de los esfuerzos por cristianizarlos y educarlos? La gente acepta su destino y vive de acuerdo con él, como hace el indio. Todo el mundo se da cuenta de que el indio mantiene sus costumbres de un modo asombroso, sigue siendo el mismo hombre que hallaron los descubridores. El hecho es que la historia del hombre blanco es una historia de progreso y que la del hombre rojo es una historia de hábitos fijados.

Para asegurarse una buena salud, la relación del hombre con la naturaleza debe ser muy próxima a una relación personal. El hombre ha de ser consciente de la cordialidad que hay en la naturaleza. Cuando los amigos humanos se equivocan o mueren, la naturaleza debe cubrir ese hueco en él. No soy capaz de concebir una vida merecedora de tal nombre a menos que haya en ella una cierta relación de ternura con la naturaleza. Esto es lo que hace que el invierno sea templado y proporciona compañía en el desierto y la jungla. A menos que la naturaleza empatice con nosotros y nos hable, por así decirlo, los lugares más fértiles y floridos resultan yermos y sombríos. No concibo una vida sin afecto por la naturaleza. Si no siento debilidad por las rocas, qué significan.

El perro es al zorro lo que el hombre blanco al rojo. El primero ha conseguido mayor limpidez en su ladrido; es más resonante y musical, está más desarrollado; explota mejor las vocales de su alfabeto y, además, se ha labrado tan buen lugar en el mundo que puede correr en campo abierto sin necesidad de esconderse. ¡Qué sonido tan ahogado, irregular, débil y poco musical es el ladrido del zorro! Parece como si apenas se atreviera a elevar la voz, no sea que lo oiga su primo domesticado e inveterado enemigo.

No pienso mucho en esa química capaz de extraer maíz y patatas de una tierra yerma, comparada con la que puede extraer ideas y sentimientos de la vida de un hombre en cualquier tierra.

Es tarea vana escribir sobre las estaciones a menos que se lleven las estaciones en el interior.

FEBRERO

## 16 DE FEBRERO DE 1859

Desde el arranque del camino del molino, vuelvo la vista atrás y miro, entre la luz del sol de este suave atardecer, hacia las copas de unos pinos estrobos que hay cerca de la casa de Jenny Dugan. Sus ramas algo aplanadas descansan, estrato sobre estrato, como una nube, un cielo aborregado de color verde que apenas insinúa la tierra que oculta mucho más abajo. Son como una corteza hojaldrada de la tierra, una tierra más etérea, como de terebintos, de hoja perenne.

## 17 DE FEBRERO DE 1841

Nuestro trabajo debería adaptarse al tiempo y guiarlo, como el brote, la flor y el fruto guían el transcurso de las estaciones. El mecánico trabaja el tiempo justo para poder pagarse las lámparas, el combustible y el alquiler del taller. ¿Acaso no sería bueno que reflexionáramos sobre si nuestros actos justifican el gasto de la naturaleza? ¿Mantendrán la luz del sol? Nuestras acciones no utilizan el tiempo de manera independiente, como hace el brote. Deberían constituir su transcurso. Es su espacio. Pero van siguiendo el tiempo y cumplen con él.

## 17 DE FEBRERO DE 1852

Quizá, el peculiar atractivo de estas vistas de poniente se deba, en parte, a la brevedad de los días, cuando miramos de forma natural a los cielos y aprovechamos al máximo la escasa luz, cuando llevamos una vida ártica, cuando el hacha del leñador nos recuerda el ocaso a las tres de la tarde, cuando la mañana y el crepúsculo componen, literalmente, todo el día, cuando viajamos, por así decirlo, a través de los portales de la noche y el camino es estrecho y está bloqueado por la nieve, cuando, también, el sol tiene una oportunidad mínima de llenar el aire de vapor.

Si se leen libros de botánica, hay que ir a los padres de la ciencia. Conviene empezar por Linneo y, a partir de él, descender tanto como se desee. Yo he perdido mucho tiempo leyendo a los botánicos. De entre quienes se interesan por esta rama del saber, es increíble ver qué pocos conocen a Linneo. Dudo de que su *Philosophia botanica*, que tanto ensalzaron Rousseau, Sprengle y otros, se haya traducido alguna vez al inglés. Es más sencillo, más fácil de entender, que cualquiera

178

de los cien manuales a los que ha dado pie. Unas cuantas páginas de cortes que representan las distintas partes de las plantas, acompañadas de sus nombres científicos, valen por volúmenes enteros de explicaciones. Según la clasificación de Linneo, pertenezco a la categoría de «botanófilo misceláneo»: «Botanophili sunt qui varia de vegetabilibus tradiderunt, licet ea non proprie ad scientiam Botanicam spectant».

## 17 DE FEBRERO DE 1854

POR LA TARDE. A la ciénaga de Gowing. Las pisadas de los ratones son muy divertidas. Sorprende lo numerosas que son y, sin embargo, rara vez alcanzo a ver un ejemplar. Deben de tener hábitos nocturnos. Todo terreno cubierto de hierba está lleno de sus huellas. También veo por dónde han corrido sobre el hielo, en la ciénaga (apenas espolvoreada de nieve), afanados siempre en buscar una entrada, en meterse por debajo. En algunos puntos, se distinguen canales profundos y bien delimitados, como si una colonia entera los hubiera transitado de aquí para allá durante largo tiempo, un camino, un sendero conocido, pero, de pronto, terminan. Y, sin embargo, no se han metido bajo la superficie, pues se ve por dónde se marchó con ágiles saltitos el único ejemplar que lo hizo todo, como presa de un miedo repentino, sin dejar más que una leve huella, similar a la de una ardilla, en la nieve. Sospecho que, a veces, los ratones construyen sus nidos en arbustos desde la base, pues donde el otoño pasado encontré dos nidos de

179

ratón, encuentro ahora uno empezado con algunas rami- tas y un poco de musgo, cerca de donde estaban los otros, a la misma altura, y también en los arbustos de roble de montaña, claramente obra de los ratones por entero.

No llevaba mucho rato fuera hoy cuando me pareció que ya había nacido una nueva primavera; no del todo deste- tada, cierto, pero sin lugar a dudas bien adentrada en la vida. La naturaleza «repite sin descanso entre la yerba su vieja canción», a pesar de las dieciocho pulgadas de nieve.

Todo romance se basa en la amistad. ¿Qué es esta vida ru- ral, esta vida pastoral y poética, sino su invención? ¿Acaso la luna no brilla para Endimión? Los suaves pastos y apaci- bles vientos son para unos tales Cordón y Filis. El Paraíso pertenece a Adán y Eva. La República de Platón se rige por el amor platónico.

Mi progreso más reciente no se manifiesta en ningún nue- vo talento visible; sin embargo, su logro se incorporará a mi mirada cuando contemple el cielo o el vacío. Me ayudará a reflexionar sobre los helechos y lo eterno.

El hombre es como un árbol que no está limitado a edad alguna, sino que crece mientras mantenga su raíz en la tierra. Sólo tenemos que vivir en la albura, y no en la madera vieja.

Un hombre es una paradoja hidrostática, el contrapeso del sistema. Por muy barato que haya salido el estudio de las flores y las aves, uno ha de entregarse por completo para poder comprarlo.

## 18 de febrero de 1852

Tengo un cuaderno común y corriente para los datos y otro para la poesía, pero siempre me resulta difícil mantener la imprecisa distinción que guardaba en mente, pues los datos más interesantes y bellos son, tanto más, poesía, y ahí radica su valor. Se traducen de la tierra al cielo. Me doy cuenta de que, si mis datos fueran lo suficientemente cruciales e importantes, quizá transmutados en la sustancia de la mente humana, no necesitaría más que un cuaderno de poesía en el que anotarlos todos.

Es imposible que una misma persona vea las cosas desde la perspectiva del poeta y desde la del científico. Quizá el segundo amor del poeta sea la ciencia (nunca el primero) cuando el uso haya desgastado ya el efecto de la flor nueva. Soy consciente de que los hombres pueden nacer con un estado mental al que otros llegan, en la edad madura, por el deterioro de sus capacidades poéticas.

18 DE FEBRERO DE 1854

Resulta en cierto modo conmovedor caminar ahora sobre las colinas, observando los líquenes que asoman aquí y allá en medio de la nieve, y recordar que, dentro de poco tiempo, también encontraremos violetas entre ellos. ¡Qué disparidad crea la estación! Las aves lo saben si ven un nenúfar de tonos rosáceos navegando entre las hojas, o al vecino Hobson que está retirando el hielo con una sierra de corte transversal, mientras los bueyes se comen sus tallos. Me he dado cuenta de que el hielo que Garrison cortó el otro día contenía en su interior las yemas y tallos de los nenúfares. ¡Qué distinto es ahora su ambiente de cuando la regia flor, flotando en la superficie temblorosa, exhalaba su aroma entre una nube de insectos!

Qué contraste entre la cara superior e inferior de muchas hojas: la superior, endurecida y coloreada; la inferior, más tierna, más o menos incolora, macho y hembra, incluso cuando están casi igual de expuestas a los elementos. La cara inferior suele ser blanca, sin embargo, al estar apartada de la luz y vuelta hacia la tierra. Muchas de aquellas en las que el contraste es más hermoso son hojas estrechas y rizadas, como las de *Andromeda polifolia*, *Ledum*, *Kalmia glauca*, bonitas y delicadas todas ellas. Las bellas hojas lanceoladas de la *Andromeda polifolia*, de un rojo

182

apagado oscuro, pero puro y uniforme, notablemente rizadas y de un delicado tono blanco azulado por debajo, merecen copiarse en obras de arte.

## 18 DE FEBRERO DE 1857

POR LA TARDE. La escarcha que ha salido de la tierra y de los caminos se ha asentado en muchos lugares. Me entusiasma este aire maravilloso y ando en busca del canto del azulejo o de otra ave que haya llegado. La veta misma del aire parece haber sufrido un cambio y está lista para quebrarse en la forma del trino del azulejo. Diríase que, si fuera visible, o si pudiera yo lanzar algún polvo fino que lo delatara, adoptaría la forma correspondiente. El azulejo no llega hasta que el aire accede a ello, y su cuña entrará con facilidad.

¡Qué poema el de la primavera, tantas veces repetido! Me emociona cuando oigo hablar de él como la primavera de tal año, esa estrofa de la gloriosa epopeya.

## 18 DE FEBRERO DE 1860

Creo que el requisito más importante al describir un animal es asegurarse de darle su carácter y hálito, pues en ello se tiene, sin error alguno, la suma y el efecto de todas sus partes, conocidas y desconocidas. Hay que contar qué es para el hombre. Sin lugar a dudas, la parte más importante de un animal es su *anima*, su hálito vital, en el que se basa su carácter, y todos los detalles por los que más relevante nos resulta. Sin embargo, casi todos los libros científicos que tratan sobre animales omiten completamente estos aspectos y lo que describen son, por así decirlo, fenómenos de materia muerta. Lo más interesante de un perro, por ejemplo, es su vínculo con el amo, su inteligencia, su valentía y otros rasgos similares, y no su estructura anatómica, ni siquiera muchos hábitos que nos afectan menos. Si se ha emprendido la tarea de escribir la biografía de un animal, debe presentársenos la criatura viviente, es decir, un resultado que ningún hombre es capaz de entender de forma absoluta. Éste sólo puede, en su medida, relatar la impresión que el animal ha causado en él. La ciencia, en muchas secciones de la Historia Natural, no pretende ir más allá de la cáscara; es decir, no llega en absoluto hasta la naturaleza animada. Toda historia de la naturaleza animada debe ser, precisamente, animada, portadora de un alma. Diríase que los antiguos, con sus gorgonas, esfinges, sátiros, mantícoras, etc., podían imaginar más de lo que existía, mientras que los modernos no son capaces imaginar todo lo que existe.

Nuestros sistemas nos perjudican con la misma frecuencia con que nos benefician, pues, en realidad, ningún sistema humano es fiel. Un nombre es, a lo más, algo práctico, y no transmite con él información alguna. En cuanto empiezo a ser consciente de la vida de alguna criatura, olvido su nombre. Una vez que hemos aprendido a distinguir criaturas, cuanto antes olvidemos sus nombres, mejor, con vistas a obtener de ellas una apreciación fiel. Creo, por lo tanto, que los mejores nombres, y los más inofensivos, son los que consisten en la imitación de la voz o el canto de un animal, pues son los más poéticos. Pero el nombre obedece únicamente al ave o cuadrúpedo aceptado y convencional; nunca, ni por un instante, al auténtico. Siempre hay algo ridículo en el nombre de un gran personaje, como si se llamara John Smith. El nombre es algo práctico para comunicarse con los demás, pero no me acuerdo de él cuando me comunico conmigo mismo.

Al repasar una lista de recetas medicinales en boga en el siglo pasado, qué ingenuas e inservibles nos parecen, y, sin embargo, las que utilizamos hoy en día son igualmente absurdas.

## 19 DE FEBRERO DE 1841

Un libro verdaderamente bueno me enseña a hacer cosas mejores que leerlo. Enseguida debo soltarlo y empezar a vivir según su consejo. No entiendo que pueda escribirse nada más, sino que ésa es la efusión última de su genialidad. Se me escapa de los dedos mientras leo. No crea un ambiente propicio para que lo lea con detenimiento, sino, más bien, uno en el que sus enseñanzas pueden ponerse de inmediato en práctica. Me aporta tal riqueza que lo suelto sin el más mínimo remordimiento. Lo que empecé leyendo debo terminarlo actuando. De este modo, no puedo quedarme a oír un buen sermón y aplaudir cuando concluya, sino que he de estar ya a medio camino de las Termópilas.

Permanecemos en la edad adulta para contar los sueños de nuestra infancia, y éstos casi se han olvidado antes de que adquiramos la facultad de expresarlos.

La grandeza inexplorada de la tormenta es lo que mantiene alto el ánimo del viajero. Cuando contemplo una vida dura y desnuda en el bosque, encuentro mi último consuelo en su falta de trivialidad. Un naufragio resulta menos angustioso porque las grandes olas no nos tratan a la ligera. Nos entregamos al reconocer el misterio sereno y solemne de la naturaleza. El marinero empapado encuentra consuelo y solidaridad en la sublime infinitud de la galerna. Es una fuerza moral, igual que él. Con valentía, puede depositar su vida en la orilla, pues ella nunca ha hecho oídos sordos ante él, como tampoco ha agotado él nunca la solidaridad que ella le dispensa.

En el amor de las almas angostas hago muchos viajes cortos, pero en vano: no encuentro el espacio del mar. En las grandes almas, sin embargo, navego por delante del viento sin vigía y jamás arribo a costa.

19 DE FEBRERO DE 1852

Ahora el cielo parece haberse ensanchado. El día ha abierto más los párpados. El alargamiento de los días, que empezó hace ya mucho, es una especie de precursor de la primavera. Por supuesto, ahí es cuando empieza a funcionar el atenuante.

A la laguna de White. Los compases de mi musa son tan raros hoy en día o en los últimos años como los trinos de las aves en invierno, el levísimo tintineo esporádico, y, además, del estilo del pájaro carpintero, del penetrante arrendajo o del cuervo. Jamás se funde en un canto, sólo el *chi, chi, chi* de un párido curioso.

Por todas partes, nieve amontonada en pendientes junto a muros y cercas, y bajo la nieve el suelo helado, y los hombres se ven obligados a depositar las provisiones del verano en madrigueras bajo la tierra, como las ardillas. Muchas criaturas, atemorizadas ante el futuro, migraron en otoño, pero el hombre se queda y camina sobre la capa de nieve helada y sobre los ríos y lagunas endurecidos, y recurre ahora a sus almacenes estivales. La vida se reduce a sus términos más bajos. Ahora no hay hogar para ti en este viento helador, sino en ese refugio que preparaste en verano. En temporada, vas directo hasta él a través de los campos. Me cuesta discernir cuándo estoy sobre el río. Por encima de mi corazón hay una corteza parecida. Allí donde paseé en verano, y donde recogí flores y descansé sobre la hierba junto a la orilla del riachuelo, a la sombra, no hay ahora hierba, flores, río ni sombra, sino una nieve fría e invariable que se extiende millas y millas y ningún sitio en el que sentarse. Mira la laguna de White, la gota de cristal que era antes, en la que se reflejaba la umbrosa ribera y los bancos de fabulosas percas y carpas subían a la superficie, y donde, con dificultad, te abrías camino junto a la orilla pedregosa una tarde estival, hasta el sitio del baño. Ahora te asomas rápidamente desde el otro lado, envuelto en tu abrigo, sobre un campo de nieve más liso de lo habitual, arrugado por el viento, mientras sus habitantes con aletas y su orilla rocosa se hallan ocultos y olvidados, y te estremeces ante la idea de mojarte los pies en ella.

Un hermoso espectáculo de auroras boreales después de las diez de la noche, que destellaban desde todos los puntos del horizonte hasta el cénit, donde se había formado una especie de núcleo, del s.s.e. al n.n.o., rodeado de lo que parecía una nube blanca permanente, cuya forma, no obstante, era muy variable. La luz destella o tiembla hacia arriba, como si fuera la luminiscencia del sol reflejada desde una neblina helada en la atmósfera superior.

19 DE FEBRERO DE 1854

Hasta Fair Haven por el río, a la vuelta en tren. A las polillas grandes les encanta, parece ser, la cercanía del agua, y acostumbran a colgar sus capullos en el borde del prado y el río, en lugares más o menos inaccesibles, al menos para el hombre. He visto un arbusto de *Cephalanthus occidentalis* con lo que, de primeras, parecían las vainas abiertas de la acacia blanca o del algodoncillo pegadas. Eran los capullos, livianos y de color ceniza, de la *Attacus promethea*, envueltos por hojas completamente mustias y desvaídas, sujetos de manera cuidadosa y admirable a las ramitas por medio de una fina seda tejida alrededor del tallo de la hoja y la ramita. No aportan nada a la fortaleza del capullo, al ser caducas, pero contribuyen al engaño. A escasa distancia, se confunden con un puñado de hojas rizadas y mustias que hubieran resistido. Aunque las ramitas concretas sobre las que se encuentran algunos capullos no conserven nunca hoja alguna, o lo hagan muy raramente, quedan suficientes hojas en otros arbustos y árboles que justifican la adopción de este disfraz. Y, sin embargo, sorprende pensar que, en este caso, alguna mente ha extraído la conclusión de que, igual que casi todas las demás plantas conservan algunas hojas, el caminante sospechará que en este caso ocurre lo mismo. Todos y cada uno de estos disfraces y otras argucias nos recuerdan que no fue el triste instinto de un gusano, como se dice, sino, más bien, la mente cósmica, que compartimos, la que ha actuado sobre cada uno de esos objetos. Todo el ingenio del mundo se ha aplicado en cada caso para garantizar su propósito. Hace mucho tiempo, en un senado lleno y con todos sus intelectos, se determinó cuál era la mejor forma de que colgaran los capullos. Una mente similar a la mía, que aprueba y admira, así lo decidió.

Así que mucho estudio, agotamiento de la carne, ¿no? Pero ¿no pretendían que leyéramos y reflexionáramos quienes cubrieron la tierra entera de alfabetos, cartillas o Biblias en impresión tosca o fina? Hasta los restos de los peñascos están cubiertos de líquenes geográficos. No se permite que ninguna superficie quede mucho tiempo desnuda. ¿No fue quien crea los líquenes cómplice de Cadmo cuando éste inventó las letras? Los tipos casi se disponen a sí mismos en palabras y oraciones, igual que el polvo se dispone a sí mismo bajo el imán. ¡Las letras de imprenta! Son un liquen, estrechamente entrelazado, que se forma sobre una superficie favorable, ofrecida por el papel. El lino se labra en un papel sobre el que puede imprimirse la canción de la camisa[13]. ¿Quién nos colocó, con estos ojos, entre un mundo microscópico y otro telescópico?

### 19 DE FEBRERO DE 1855

Muchos se quejarán de que mis conferencias son trascendentales y no las comprenden. «¿Le gustaría que volviéramos al estado salvaje?», etc., etc., una cuestión bastante legítima, quizá, desde su punto de vista. Pero la verdad es que el conferenciante más sincero no puede hablar más que a su manera, y adaptarse a su público es un mero cumplido que le brinda a éste. Si deseáis saber lo que pienso, debéis esforzaros por poneros en mi lugar. Si deseáis que hable como si fuera vosotros, ésa es otra cuestión.

### 19 DE FEBRERO DE 1857

De un hombre que no complazca a un amigo no puede decirse que tenga éxito en esta vida.

---

[13] Es probable que sea una referencia al poema «The Song of the Shirt», de Thomas Hood, que se había publicado un año antes.

## 19 DE FEBRERO DE 1858

El viajero está protegido y endurecido. Se las ve con todo tipo de superficies, lleva puesto un fabuloso abrigo; pero quien permanece en su casa y escribe sobre asuntos hogareños nos ofrece unas ideas y sentimientos desnudos y delicados.

## 20 DE FEBRERO DE 1840

La esperanza del cobarde es la sospecha; la duda del héroe, una suerte de esperanza. Los dioses ni esperan ni dudan.

## 20 DE FEBRERO DE 1841

Cuando salgo al atardecer, preparo la estufa de manera que, a mi regreso, encuentre siempre un buen fuego ardiendo en ella, aunque, de estar presente, habría requerido mi atención frecuente; así, cuando sé que voy a estar en casa, a veces hago como si fuera a salir, para ahorrarme molestias. Y éste es también el arte de vivir: dejar nuestra vida en un estado en el que pueda funcionar sola y no exija una supervisión constante. Entonces nos sentaremos tranquilamente a vivir, como si estuviéramos junto a la estufa.

Cuando me siento de verdad, no debe haber nada en pie. Todo debe sentarse conmigo.

Oigo el débil sonido de una viola y voces desde la casita vecina, y me digo que la musa es lo único en lo que creeré eternamente. Me asegura que ningún resplandor que invada el alma serena sea engañoso. Me advierte de una realidad y sustancia cuyas fantasía y sombra son lo más que alcanzo a ver. Oh, Música, me hablas de cosas a las que el recuerdo no presta atención, tus compases se susurran más allá del oído de la memoria. Abres todos mis sentidos para que perciba hasta el más mínimo indicio, y no me ofreces ningún pensamiento. Estaría bien sentarme ante la puerta todas las noches de verano, eternamente, y oír tus compases. Haces que disfrute con la palabra o que camine satisfecho sin ella. Me complace pensar en lo ignorantes y vagos que son los más sabios.

Mis imperfectas afinidades con mi amigo son una luz tenue y alegre en el valle.


20 DE FEBRERO DE 1842

Nunca he visto a dos hombres con suficiente grandeza para reconocerse el uno al otro. De manera proporcional a su grandeza, las diferencias son fatales, porque se perciben no como parciales, sino como absolutas. La franqueza ante el que no es como yo me llevará a rechazarlo por completo. Cuando dos hombres se acercan para conocerse, no corren peligros baladíes, sino riesgos terribles.

Entre quienes son sinceros no caben civilidades. Ninguna grandeza parece preparada para las pequeñas muestras de decoro; incluso la tosquedad salvaje la recibe desde una grandeza igual.

Hasta el momento mi senda ha sido como un camino a través de un paraje accidentado, que ahora subía a altas montañas y luego descendía a los valles más profundos. Desde las cumbres he visto los cielos y desde los valles he alzado de nuevo la vista a las alturas. En la prosperidad me acuerdo de Dios, o quizá la memoria es una con la conciencia; en la adversidad me acuerdo de mi propia elevación y sólo espero volver a ver a Dios.

La muerte de los amigos debería inspirarnos tanto como sus vidas. Si son lo bastante grandes y ricos, dejarán consuelo a los dolientes ante los gastos de sus funerales. No será difícil desprenderse de lo valioso, pero ¿cómo va a marcharse lo bueno? No es ello, sino nosotros, quien va y viene.


20 DE FEBRERO DE 1856

POR LA TARDE. Remontando el Assabet. Veo el rastro, ancho y nítido, que una nutria dejó anoche o ayer. Salió al río por entre el bosquecillo bajo que hay al norte de la ciénaga de Pinxter, y dejó un rastro muy visible de entre siete y diez pulgadas de ancho y tres o cuatro de profundidad, con los lados a veces excepcionalmente rectos, como si se hubiera arrastrado un madero cuadrangular ligeramente redondeado. Describió unos cuantos giros y zigzags cortos, pasó bajo ramas que no estaban a más de cinco pulgadas por encima de la nieve, no sobre ellas, y se deslizó, al parecer, por todas las orillas y pendientes, con lo que dejó allí un rastro uniforme, ancho y cóncavo, sin huella alguna de patas. Cuando alcanzó el río, fue siguiéndolo por debajo de la orilla, se asomó de tanto en tanto a las grietas, allí donde podía meterse bajo el hielo, y algunas veces trepó hasta la orilla y se dejó resbalar. En el nivel del suelo, su rastro tenía este aspecto:

Pisadas cada veinte o veinticuatro pulgadas, aunque, en ocasiones, a intervalos de veinticinco pies y, con frecuencia, de seis. En el último tramo, había un engrosamiento en el contorno que he descrito más arriba. Se metió en un agujero por debajo del hielo en el nacimiento del Assabet, de donde no ha salido.


20 DE FEBRERO DE 1857

¿Cuál es la relación entre un pájaro y el oído que aprecia su melodía, y para quien, quizá, resulta más fascinante y significativo que para cualquier otro? Sin duda, guardan una íntima relación, y están hechos el uno para el otro. Es algo natural. Si yo descubriera que un cierto tipo de piedra junto a la orilla de la laguna se ve afectada (por

194

ejemplo, que se desintegra parcialmente) por un determinado sonido natural, como el de un ave o un insecto, creo que sería imposible describir del todo a uno sin describir al otro. Yo soy esa piedra junto al borde de la laguna.

¿Qué es la esperanza, qué es la expectativa, sino un tiempo de siembra cuya cosecha no puede fracasar, una expedición irresistible de la mente, que al final será victoriosa?

## 20 DE FEBRERO DE 1859

Acabo de leer *Counterparts, or the Cross of Love*, de la autora de *Charles Auchester*. Es muy interesante su ilustración del Amor y la Amistad, que demuestra cuánto podemos saber de los demás gracias a la mera afinidad, sin la información común y corriente. De una persona que te interese en profundidad sabes más de lo que puedan contarte. Una mirada, un gesto, una acción, que para los demás resulta insignificante, te dice más sobre ella que las palabras. Si quisiera ocultarte algo, se notaría. Es como si te lo contara un pajarito. A veces, por la actitud distinta de un amigo que ningún manto puede ocultar, sabemos que algo ha ocurrido y qué es ese algo, con todos los detalles esenciales, aunque sea una historia larga de contar, aunque pueda implicar la participación de cuatro o cinco personas, ninguna de las cuales te lo ha susurrado, y, sin embargo, estás tan seguro como si hubieras descubierto todas sus huellas en el bosque. Estás del todo seguro, porque, en el caso del amor, los efectos siguen a sus causas con más inevitabilidad de lo habitual, al tratarse de una fuerza dominante.

¡Cuánto vive y perdura el escritor que aparece a menudo ante el público! Unos cuantos años o libros son, en él, iguales a una larga vida de experiencia, sufrimiento, etc. No pasa nada si con ello no se curte. Aprende a soportar el desdén y a despreciarse. Lleva a cabo, por así decirlo, una exploración *post-mortem* de sí mismo antes de morir. Así es el arte.

## 21 DE FEBRERO DE 1842

He de confesar que nada me resulta tan ajeno como mi propio cuerpo. Casi cualquier otro retazo de naturaleza me gusta más.

Siempre he sido consciente de sonidos de la naturaleza que no captaban mis oídos, de que no oía más que el preludio de un compás. La naturaleza siempre se retira cuando yo avanzo. Lejos, muy, muy atrás, quedan ella y su significado. ¿Acaso esta fe y esta expectativa se volverán al final oídos? Nunca he visto hasta el final ni oído hasta el final, sino que la mejor parte la he dejado sin ver ni oír.

Soy como una pluma que va flotando por la atmósfera. A ambos lados hay una profundidad insondable.

En los últimos tiempos he vivido enfermo casi siempre, por estar demasiado cerca de mí mismo. He estado poniéndome la zancadilla, de forma que no se han producido avances dentro de mi propia estrechez. Soy incapaz de caminar de manera conveniente y placentera salvo cuando me sujeto, a lo lejos, en el horizonte, salvo cuando el alma diluye el cuerpo y lo hace soportable. Mi alma y mi cuerpo han ido tambaleándose juntos, tropezando y entorpeciéndose entre sí, como siameses inexpertos. Deberían caminar como uno solo y, así, no habría obstáculo más cercano que el firmamento.

Ha de haber una cierta estrechez en el alma que lo fuerza a uno a tener secretos.


21 DE FEBRERO DE 1855

Aire puro, con un viento del noroeste que huele ya a marzo, como ayer. ¿Cuál es la peculiaridad del aire para que tanto el inválido en su alcoba como el viajero en la carretera digan: «Hace un perfecto día de marzo»? El viento está secando con rapidez la tierra y las arenas más altas empiezan ya a blanquearse. ¡Cuánta luz hay en el cielo y en la superficie de la tierra rojiza! Se refleja en riada sobre todas las superficies que la lluvia y la nieve han lavado, en las vías del tren, en la mica de las rocas y las latebras plateadas de los insectos, y nunca he visto un blanco más resplandeciente en las casas blancas del pueblo. Ahora voy buscando un grupo de sagitarias que hayan crecido pronto, porque también estarán brillando. Cuando me adentro en la frondosa hondonada que se encuentra al este del Deep Cut, me resulta nuevo y agradable oír el sonido de las hojas y las ramitas secas, que tanto tiempo han estado húmedas y calladas, crujiendo otra vez bajo mis pies, aunque sigue habiendo bastante nieve junto a los taludes, así como ver los hoyos y galerías que hace poco han abierto los ratones en la hierba fina y mustia de esos sitios. Veo el cielo de un azul suave, característico de la primavera, sobre las copas de los pinos, y, cuando estoy a resguardo del viento, noto el sol de la estación, ya más cálido, que se refleja en la hierba débil y las ramitas a un lado de esta hondonada en alto. ¡Cuando las hojas del lecho del bosque se secan y empiezan a crepitar bajo un sol y un viento como éstos, se está dando la noticia a todos los millones de larvas que viven debajo de ellas! Si percibo esa sequedad bajo los pies, me da la impresión de tener un sentido nuevo o, más bien, me doy cuenta de lo que antes me resultaba increíble: que hay una vida nueva en la naturaleza que empieza a despertar. Por todos los pasillos del bosque se cuenta entre susurros que se acerca una nueva primavera. El ratón de campo escucha en la entrada de su madriguera y el carbonero transmite la noticia. Ahora vemos la nieve de las montañas, porque en la orilla remota del horizonte su blancura contrasta con los tonos rojizos y más oscuros de nuestros campos desnudos. Desde la colina de Fair Haven contemplo las montañas Peterboro con los binoculares. Creo que no puede haber un paisaje más ártico que el de estas montañas, sobre el filo del horizonte, totalmente cubiertas de nieve, el sol brillando por encima de ellas, vistas a través de un telescopio sobre desnudos campos bermejos y bosques oscuros, con una casa, quizá, en alguna cresta baldía, recortada frente a ellas. Parecen hogazas inmensas con una corteza de puro azúcar blanco, y pienso que éste debió de ser el origen del nombre «pan de azúcar» que se da a algunas montañas, y no su forma. Así, contemplamos, desde campos rojizos, un paisaje que aún duerme bajo el manto del invierno. La nieve de las montañas tiene, en este caso, un singular aspecto liso y crujiente, y destacan sobre ella hasta las perennifolias que crecen sueltas aquí y allá. Y donde un promontorio proyecta una sombra que sigue el costado de la montaña, he visto lo que parecía un gran lago de neblinosas aguas azuladas, en la ladera del monte Peterboro, más distante, con unos bordes u orilla muy nítidamente definidos. He llegado a la conclusión de que era la sombra de otra parte de la montaña, lo que sugiere que, de igual modo, lo que en la superficie de la luna se toma por agua bien podrían ser sombras.

21 DE FEBRERO DE 1860

Fue su admiración por la naturaleza lo que hizo que los antiguos atribuyeran esas espléndidas cualidades, que rara vez se encuentran en el hombre, al león, como obra maestra de aquélla. Sólo gracias a la preparación o disposición para ver más de lo aparente en una criatura podemos apreciar lo que es manifiesto.

199

Eso de arrancar y pelar las piñas es una actividad que la ardilla y su familia dominan a la perfección. Sólo clava los dedos, mueve los bigotes y roe la sólida piña hasta el punto preciso. Tras apartar las ramitas y agujas que se interpongan en su camino (pues, como un diestro leñador, primero se garantiza un espacio y margen suficientes), corta limpiamente el robusto tallo de la piña con unos cuantos golpes de incisivo y ya es suya. Para estar segura, quizá la deje caer al suelo y la mire desde lo alto durante un instante con curiosidad, como si no le perteneciera. Pero en realidad está fijándose en dónde cae, para poder sumarla a las otras cien piñas que tiene amontonadas, y precisamente esa aparente despreocupación es lo que hace que la piña sea más suya. Y, cuando se decide a abrirla, ésta es su manera de proceder: sujeta con las manos una piña sólida y con relieve, tan dura que casi repica al contacto con sus dientes. Se detiene un momento, tal vez, pero no porque no sepa cómo empezar. Sólo es que está atenta a los sonidos que trae el viento. Sabe que la mejor forma no es arrancar la parte superior e ir abriéndose camino hacia abajo contra el caballo de Frisia que forman las escamas y las espinas, ni roer hacia el interior tres cuartos de pulgada ante un montón de escudos armados. La pone del revés con un rápido movimiento, pues por debajo las escamas son más pequeñas y las espinas, menudas o inexistentes, y el pequeño tallo se ha cortado tan cerca que no le molesta; ahí es cuando se lanza a abrirse paso por las bases, finas y tiernas, de las escamas, y con cada golpe deja al descubierto, de una vez, un par de semillas. Así, va pelando la piña con tanta facilidad como si las escamas fueran cascarilla, y con tanta rapidez, girándola conforme avanza, que es imposible ver cómo lo hace hasta que la ahuyentas e inspeccionas su tarea inacabada. Si ha habido alguna época del mundo en que las ardillas abrían las piñas por el otro extremo, esa época no fue, en cualquier caso, la edad de oro.

### 22 DE FEBRERO DE 1841

Los amigos han de estar separados. Respetan más la privacidad del otro que los que comparten espacio, pues en ella está la materialización de nuestros fines más elevados y la conclusión de nuestras discusiones. Aquel a quien conocemos y con quien nos relacionaríamos no sólo tiene propósitos elevados, sino que le ocupan recados elevados y tiene muchos asuntos que únicamente le incumben a él. Las horas que mi amigo me dedica a mí se le han hurtado a una compañía más elevada. Es un regalo apenas a mi altura, y he de levantar el brazo para recogerlo.

Debemos retirarnos religiosamente y enriquecer nuestro encuentro con la rareza y un cierto grado de desconocimiento. ¿Sabes por qué te veo con tan poca frecuencia, amigo mío? En soledad, he estado preparando un paquete para ti.

Algunas acciones que surgen de relaciones corrientes y naturales me afectan de un modo extraño, como, a veces, el comportamiento de una madre con sus hijos. Una acción así de callada y silenciosa suele conmoverme más que muchas proezas sonoras.

22 DE FEBRERO DE 1852

Cada hombre asume los pareceres que puede permitirse asumir. Pareceres que podrían considerarse los huéspedes más caros de atender. Intuyo que la razón de que mi vecino no pueda mantener determinados pareceres son los estrechos límites en los que se ve obligado a vivir debido a lo reducido de sus medios. Su instinto le dice que no conviene soltarse de aquí y agarrarse allí donde no puede sujetarse.

22 DE FEBRERO DE 1855

J. Farmer me ha enseñado un armiño que cazó con una trampa hace tres o cuatro semanas. No es infrecuente ver a estas criaturas rondando los graneros. Era todo blanco, con la excepción de la punta de la cola. Dos llamativos caninos en cada quijada. En verano, se distinguen de las comadrejas, que son un poco más pequeñas, gracias sobre todo a la longitud de la cola, de seis pulgadas o más, mientras que la de las comadrejas no mide más de dos.

También me contó que había visto una perdiz repiquetear en lo alto de un muro; dijo que estaba muy tiesa y que producía un sonido entrechocando las alas por detrás del manto, como a veces hacen los gallos, pero que no golpeaba el muro ni su cuerpo. Está seguro de ello y declara que se equivoca quien afirme lo contrario, así sea el mismísimo Audubon. Wilson afirma que «empieza a golpear con las alas rígidas», de pie sobre un leño, pero no especifica lo que golpea, aunque cabría deducir que es el leño o el cuerpo. Peabody sostiene que se da en el cuerpo con las alas.

22 DE FEBRERO DE 1856

Ahora, con la nieve fundiéndose y el hielo empezando a ablandarse, veo por primera vez esos insectos menudos, de alas grisáceas, que cierran para caminar sobre el hielo cubierto de nieve. No había encontrado ninguno en todo el invierno. Están en el río, por todas partes, y son de todos los tamaños, desde un tercio de pulgada hasta una pulgada de longitud; a partir de ahora, se verán todos los días templados.

23 DE FEBRERO DE 1841

Existe un sutil elixir en la compañía que la convierte en una fuente de salud para el enfermo. No queremos ningún consuelo que no sea el exceso de salud de nuestro amigo. No podemos compadecernos si nosotros mismos no estamos padeciendo. Le pediremos a nuestro amigo que venga y respire lleno de salud ante nosotros, con la fragancia de muchos prados y páramos en su aliento, y habitaremos su cuerpo mientras el nuestro se restablece. No hay mejor medicina en la enfermedad que presenciar la nobleza de otro, que nos anuncia salud. En la enfermedad, nuestra fe se resiente y los actos nobles nos serenan.

Que alguien haya pensado en ti sin una razón concreta suele implicar mayor benevolencia de la que cabría esperar. De ahí en adelante, tendrás un incentivo más fuerte para guiar tu comportamiento. No sabemos cuántos pensamientos amigables hay en cada momento.

23 DE FEBRERO DE 1842

La auténtica cortesía no es sino la esperanza y la confianza en los hombres. Nunca se dirige a un hombre caído o que esté cayendo, sino que aplaude a una generación que se pone en pie. No adula, sino que se limita a felicitar.

23 DE FEBRERO DE 1853

Me imagino en un país más salvaje, y un poco más cerca de los tiempos primitivos, cuando leo libros antiguos en los que la palabra *savage*[14] se escribe con l, *salvage*, como en la *General Historie of Virginia* de John Smith, por ejemplo, lo que me recuerda que el término procede de *sylva* y que parte de los bosques agrestes y sus ramas llenas de espinas permanece aún en su lengua. Los salvajes que describen son, ciertamente, salvajes: hombres de los bosques.

## 23 DE FEBRERO DE 1854

POR LA MAÑANA. La nieve se mueve en horizontal desde el norte o el noroeste formando líneas largas y onduladas, como el contorno de una ola o de una nube.

POR LA TARDE. He visto formarse algunos de esos montones arquitectónicos. La fina nieve venía recorriendo el campo como el vapor que surge en volutas de un tejado. Cuando la corriente sube para pasar por encima del muro, produce un momento de quietud en el ángulo que forman el muro y el suelo, y ahí se deposita justo la nieve necesaria para recubrir esa calma triangular, pero la mayor parte pasa por encima y se acumula en la calma de más tamaño. Una fracción del viento también atraviesa, en apariencia, las rendijas del muro, y se curva hacia arriba contra el montón de nieve principal, con lo que parece esculpirlo y perforarlo de distintas formas, al tiempo que deja en suspensión numerosas partículas de nieve, en torbellinos verticales. No estoy seguro de hasta qué punto se

[14] «Salvaje».

esculpe y perfora el montón ni de lo lejos que se deposita originalmente la nieve en estas formaciones.

## 23 DE FEBRERO DE 1855

El señor Loring me cuenta que él y su hijo George estuvieron disparando sobre el agua a cisnes blancos en Texas y que, aunque George alcanzó a dos con sus balas y los mató, los demás, en ambos casos, se reunieron en torno a ellos y los empujaron hasta que quedaron fuera de su alcance.

## 23 DE FEBRERO DE 1856

He leído en el periódico que el mar está congelado, o lo ha estado hace poco, en la otra parte del cabo Cod, en el faro de Highland, a una milla de la costa (probablemente, no se pueda estar ni caminar sobre él), un fenómeno que, según dicen, los más ancianos no han presenciado jamás.

## 23 DE FEBRERO DE 1857

POR LA TARDE. Veo dos tortugas de patas amarillas en la acequia que hay al sur del bosque de Trillium. Vas paseando expectante, bajo la suave brisa, por la blanda orilla de una acequia llena de nieve fundida y tapizada de hojas en algún lugar resguardado, aunque quizá todavía con hielo en un extremo, y te emociona ver agitarse entre las hojas del fondo, y volver a esconderse perezosas de tu vista, a estas criaturas tan llamativamente moteadas. Suelen ir, al menos, de dos en dos. La tortuga vuelve a moverse por las acequias. En esta última primavera, siguen pareciendo criaturas extrañísimas al verlas por primera vez, en lugar de seres con los que compartes el espacio y el tiempo.

Hablo mentalmente con ese vecino que en el pasado fue mi amigo: «No sirve de nada decirte la verdad. No vas a escucharme. Así pues, ¿qué he de contarte?».

En el momento en el que parece que estoy despidiéndome para siempre de quien fue mi amigo, me siento inesperadamente cerca de él, y justo la cercanía y el cariño mutuo son lo que da profundidad y significado a ese «para siempre». Así, estoy preso sin remedio, y me faltan destrezas para romper estas cadenas. Cuando me parece que he roto un eslabón, resulta que he estado forjando otro. Aún no he conocido ninguna Amistad que termine, creo. Me temo que he vivido su decadencia. Mañana, tarde y noche padezco un sufrimiento físico, un dolor en el pecho que me incapacita para mis tareas. Puede que al final del día alcance su máxima intensidad. Con respecto a la Amistad, me siento como un pecio que se ve arrastrado ante la galerna, con la tripulación padeciendo hambre y sed y sin saber a qué costa llegará, si es que llega a alguna, pues llevo mucho tiempo arrostrando las olas opuestas de este sentimiento, con las juntas abiertas y las vigas tiradas, al desnudo. El único motivo por el que floto en el mar de la Amistad es que mi gravedad específica es inferior a la suya, pero ese navío sólido y elegante que con tanta gracia se escoraba sobre él ya no existe. Mis tablones y vigas están desperdigados. Como mucho, aspiro a construir una suerte de balsa de Amistad sobre la que, con algunos de nuestros tesoros, podamos flotar hasta tierra firme. ¡Ese dolor en el pecho, el mayor padecimiento que soporta el hombre, que ningún éter puede aliviar!

Me engañas, me mantienes a distancia con tus modos. No conozco ninguna otra deshonestidad, ningún otro demonio. ¿Por qué esta doble cara, estos cumplidos? Son la peor de las falsedades. No es peor una mentira entre comerciantes que un cumplido entre amigos. Yo sería incapaz, enmudezco. Yo te haría percibir mis pensamientos, mis sentimientos. ¡Los amigos! Están juntos para lo bueno y para lo malo. Pueden complacerse entre ellos como nadie más. Mentir en esferas más bajas no es más que una ofensa insignificante comparada con la civilidad y los cumplidos en la esfera de la Amistad.

Visito a mi amigo para causarle deleite, no molestia. Si mi llegada lo perturba en el más mínimo grado imaginable, me aplicaré todo lo que pueda para mantenerme apartado. Conseguiré que los Titanes me ayuden a quedarme lejos, me esforzaré noche y día para construir una muralla entre nosotros. Si mi llegada arroja ante sí aunque sea la sombra de una sombra, me retiraré con más presteza que el viento y dejaré menos huella que él. Me habré ido de forma irrevocable, si es posible, antes de que mi amigo tema mi llegada.

Si los dientes duelen, pueden extraerse. Pero ¿qué hacer si lo que duele es el corazón? ¿Debemos arrancárnoslo?

¿Deben esperar los amigos, pues, el sino de esos gemelos orientales: que uno de ellos tenga que cargar al final con el cadáver del otro, por medio de la misma ligazón que lo ataba a un compañero vivo?

Mirad antes de saltar. Dejad que el istmo se corte, a menos que el mar se una con el mar justo en el mismo nivel, a menos que se hayan asentado un entendimiento y equilibrio perfectos desde el principio entre el cabo de Hornos y ese otro cabo septentrional y sin nombre, ¡qué tumulto! Es Atlántico y Atlántico, o Atlántico y Pacífico.

He visto señales de la primavera. He visto una rana sumergiéndose veloz en un estanque, o el punto en el que rizó la superficie al saltar; he visto la tortuga de llamativo moteado moviéndose por el fondo de las acequias; he visto la savia transparente fluyendo del arce rojo.


23 DE FEBRERO DE 1859

[Worcester]. POR LA TARDE. Paseo hasta la laguna de Quinsigamond, donde ayer se podía patinar bien, pero, en este día tan agradable y templado, de pronto la superficie está demasiado blanda. Justo estaba diciéndole a Blake que tendría que ir a algún lugar sombreado o a la ladera norte de alguna colina boscosa, cerca de la orilla, para encontrar hielo duro, aunque fuera impensable patinar en cualquier otro lugar, cuando, al levantar la mirada, vi a un caballero

y a una dama practicando gráciles giros y, diríase, pro-
digándose gentilezas, en una pequeña bahía a los pies
de una de esas colinas, en la orilla opuesta de la laguna.
Los arbustos y un entrante de tierra que había en medio
ocultaban el hielo, por lo que sus movimientos rápidos
y veloces, sus cuerpos inclinados en distintos ángulos, al
girar adelante y atrás por un espacio tan pequeño, dando
la impresión de que iban a chocar entre sí, me recordaron
al vuelo circular de dos insectos alados o a los halcones
cuando retroceden y se aproximan.

He oído y visto por primera vez ocho o diez azulejos a
un tiempo sobre mi cabeza.


23 DE FEBRERO DE 1860

A LAS TRES DE LA TARDE. El termómetro marca catorce
grados y medio, la nieve casi ha desaparecido y el nivel
del río sube. No hemos tenido un día tan templado desde principios de diciembre, que fue extraordinariamente
tibio. Paseo por la ladera húmeda del Nawshawtuck y veo
aparecer las hojas verdes de los ranúnculos, las bolsas de
pastor, las acederas, las pamplinas, los cerastios, etc.

Para que nos interese, un hecho debe ser el vehículo
de cierta humanidad. De lo contrario, es como darle a un
hombre una piedra cuando lo que está pidiendo es pan. En
último término, la moral es lo más importante, y no nos
importa si una verdad inferior se sacrifica por una superior,
como cuando el historiador fabula y pone a los animales

a hablar y a comportarse como hombres. Debe ser cálido, húmedo, corpóreo, haber recibido al menos un aliento. El hombre que no haya sentido una cosa, no la ha visto.

24 DE FEBRERO DE 1852

POR LA TARDE. Vías elevadas del tren. La calidad del aire me hace pensar en la primavera. El canto del gallo e incluso el arpa del telégrafo la profetizan, aunque la tierra esté, casi toda, cubierta de nieve. Es una resurrección natural, una experiencia de inmortalidad.

Llevo uno o dos días de retraso para ver el follaje arenoso que se forma en el lado oriental del Deep Cut. Resulta espléndido ver otra vez aquí el suelo, donde una pala podría introducirse sin encontrar hielo. Éste ha salido ya en parte de esta orilla y ha vuelto a secarse bajo el sol. El sonido mismo del trabajo de los hombres me recuerda, me anuncia, la llegada de la primavera, cuando oigo, ahora, el trineo del peón sobre los raíles. Conforme envejecemos, ¿no es premonitorio que tengamos más que escribir sobre la noche y menos sobre la mañana? Debemos ligarnos más a las horas tempranas.

24 DE FEBRERO DE 1854

POR LA TARDE. A Walden y Fair Haven. Los trepadores se responden débilmente unos a otros, con reciprocidad, en tonos distintos (un tenue chirrido). De cuando en cuando, uno emite un *cua* alto y claro. A esta ave, más que a cualquier otra que conozca, le encanta estar cabeza abajo; mientras tanto, los carboneros, con su tintineo de plata, revolotean muy por encima, entre las copas de los pinos. He estado observando, en uno de los pequeños estanques que hay entre Walden y Fair Haven, a una perdiz que ha recorrido por la nieve, entre los arbustos circundantes, veinticinco varas. Ha picoteado las hojas verdes del laurel de oveja y dejado algunos trocitos sobre la nieve, luego se ha parado en todos los arbustos de arándano azul y esparcido fragmentos de corteza por la nieve. Parece que las yemas eran su principal objetivo. Al final he acabado asustando al ave.

24 DE FEBRERO DE 1855

Un momento especial de la primavera es cuando el sauce o los mimbres se encienden, lo que indica que la savia dormida se ha despertado. Me acuerdo ahora de unos cuantos mimbres que he visto al comienzo de primaveras pasadas, de radiantes colores verdes y rojos, y es como si el paisaje entero se iluminara. Aunque había pocas ramitas, que yo viera, lo recuerdo como un fenómeno destacado que afecta al rostro de la Naturaleza, regocijo de sus rasgos. A menudo se figura uno que parecen más coloridos antes de que llegue la primavera, y cuando no se ha producido ningún cambio en ellos. El termómetro marca -12° a las diez de la noche.

Una preciosa mañana primaveral. El suelo vuelve a estar desnudo casi por entero. Por la noche ha helado. Ahora, a las ocho y media, la escarcha se ha derretido y me moja los pies como si fuera rocío. En esta mañana detenida y luminosa, el agua de la pradera está tan calma como en abril. Me sorprende oír los compases de un chingolo cantor desde la ribera, y, mientras cruzo las vías elevadas del tren hacia la colina, pensando en el azulejo, oigo el trino de uno de ellos desde las profundidades del aire suavizado. Ya hace 4°. A mediodía, entre 10° y 15°. Conforme avanza el día, oigo más azulejos y veo sus copos celestes posarse en los postes de la cerca. Su gorjeo, breve y rico, se enrosca en el aire, cuyo tinte discurre ahora en paralelo al trino del ave, como tablones del mismo lote. Parece una de esas primaveras tempranas de las que hemos oído hablar, pero que nunca hemos vivido.

Llevo una semana o más viendo los lugares en los que hurgan las mofetas. Ahora observo dónde una de ellas ha sacado con la zarpa, de un agujero en la base de un nogal, polvo o pedazos de gusano y ha rasgado los hongos en busca de larvas o insectos. Estas noches están muy atareadas.

Si tuviera que hacer la más mínima concesión, mi amigo me despreciaría. Estoy obedeciendo sus leyes tanto como las mías.

¿Dónde está el verdadero amigo al que aprecias? ¡Es como preguntarse de qué colina brota el arcoíris! Adorna y corona la tierra. Los amigos son nuestros congéneres, de nuestra especie. No hay más que unos pocos sobre el planeta. ¡Entre mi amigo y yo, qué inconmensurable distancia! Toda la humanidad, igual que el agua y los insectos, está entre nosotros. Si mi amigo dice para sí: «Nunca voy a volver a verte», yo lo traduzco, por necesidad, como «siempre». Ésa es su definición en el diccionario del Amor. A quienes podemos amar podemos odiar. Los demás nos son indiferentes.

POR LA TARDE. A Walden. La vía del tren, a la altura del Deep Cut, está tan seca como en septiembre, casi polvorienta. Lo mejor del follaje arenoso ya ha desaparecido. No necesito el abrigo grueso para pasear. Un carbonero, con su vago canto invernal, pasa revoloteando por encima. Se me ocurre que ya toca oír su trino de mosquero, y justo en ese instante lo emite. Sobre Walden sigue habiendo una espesa capa de hielo, aunque a un pie de la orilla ya se ha derretido. Los franceses (en las *Relaciones jesuitas*) llaman «fil de l'eau» a esa parte de la corriente de un río en la que todo aquello que flota se ve arrastrado; por lo general, equidistante de las dos riberas. Me parece una expresión certera para la que creo que no tenemos equivalente en inglés.

24 DE FEBRERO DE 1858

Veo rodoras en flor en una jarra con andrómedas de agua. He atravesado la larga ciénaga que se extiende al noreste

214

del prado de Boaz. Son interesantes y curiosas las matas y agrupaciones de andrómedas paniculadas, con sus tallos de color marrón claro y su corona uniforme de singularísimos brotes amarillo-marrones, de diez o doce pulgadas de largo, con diminutos botones rojos bien pegados a ellos. Tal uniformidad en estas matas aporta un agradable matiz a la superficie de la ciénaga. Colores sanos que lucen bien. Veo bastantes capullos de mariposa emperador sujetos a este arbusto, algunos colgados alrededor con una masa suelta de hojas tan grande como mis dos puños juntos. ¡Vaya arte ha tenido la mariposa al usar estas dos ramitas de arce contiguas como armazón para su cesto pensil, después de entretejerlas! Desde luego, encuentra su sitio en la naturaleza.

En el lateral de la morrena del prado, justo al norte del pedrero, veo unos arbustos de agracejo de tres pulgadas de diámetro y diez pies de altura. Qué sorprendente es el color de esta madera. Se parte y astilla mucho cuando la doblo. Corto una caña y, después de pelarle la corteza exterior, me doy cuenta de que es de color amarillo imperial, como si estuviera pintada, perfecta para un mandarín chino.

25 DE FEBRERO DE 1859

Valora tu salud comparándola con tu afinidad en relación a la mañana y la primavera. Si no encuentras en ti respuesta al despertar de la naturaleza, si la perspectiva de un paseo por la mañana temprano no te disipa el sueño, si el trino del primer azulejo no te emociona, has de saber que la mañana y la primavera de tu vida ya han pasado. Así es como puedes tomarte el pulso.

Esta mañana oí un trepador en los olmos de la calle. Creo que es más habitual oírlos cuando se acerca la primavera, igual que el trino de mosquero del carbonero, por lo que su *cua cua* se convierte en el heraldo de la nueva estación.

Un buen libro no está hecho al modo barato y descuidado de muchos de nuestros informes científicos, a los que da pie el mensaje del presidente, que se lo comunica al Congreso y éste da orden de que se impriman muchos miles de ejemplares con las cartas de presentación del secretario de Interior (o más bien de Exteriores). El grueso del libro es el diario de un día de campo o una partida de caza de un teniente coronel ascendido, ilustrado con fotografías de las huellas del viajero por las llanuras y un admirable grabado de su pueblo natal tal y como era cuando se marchó, seguido de un apéndice sobre la paleontología de la ruta a cargo de un distinguido erudito que no estaba allí (esto último, ilustrado con grabados de delicada factura de unas cuantas conchas, viejas y rotas, recogidas por el camino).

Existen varios hombres de cuyas idas y venidas se sabe poco en la ciudad; me refiero a los tramperos. Se los puede ver llegando de los bosques y el río, quizá con las manos vacías, y no sospechar en qué han andado metidos. Se dedican a sus asuntos de manera furtiva, por miedo a que alguien descubra dónde han puesto sus trampas, pues aquí el comercio de pieles sigue siendo floreciente.

Año tras año, visitan las ciénagas, praderas y riachuelos más apartados al objeto de poner e inspeccionar sus trampas para ratas almizcleras y visones, y, por lo general, los dueños de las tierras no tienen ni idea. Pero, aun siendo pocos los tramperos de esta zona, parece ser, según dice Goodwin, que se roban las trampas unos a otros.

La única crítica que he recibido tras la conferencia sobre «Tintes otoñales» que di en Worcester el día 22 es que en ella daba por supuesto que mi público no había visto tantos como al parecer sí había sido. Pero, después de pronunciarla, estoy más convencido que nunca de que los asistentes no se han encontrado con muchos, de que hay poquísimas personas que vean gran cosa en la naturaleza.

25 DE FEBRERO DE 1860

Los campos de aguas abiertas entre el fino hielo de los prados son el espectáculo del día. Cuando miro al suroeste, los veo de un pronunciado color azul oscuro. ¿Tendrá esto algo que ver con la dirección del viento? Qué agradable resulta ver las grandes olas de color azul oscuro a media milla de distancia, avanzando sin cesar junto al borde del blanco hielo. Allí es donde mejor se distingue el movimiento del líquido azul. Cuando las olas se elevan y descienden, parecen discurrir veloces por el borde del hielo.

Llevo uno o dos días viendo, en distintos lugares, los pequeños rastros de las mofetas. Parece ser que es habitual que salgan con el tiempo templado de finales de febrero.

Ayer observé el primer destello plateado visible de las agujas de pino estrobo agitadas por el viento. Había uno pequeñito al lado del camino, más de un cuarto de milla por delante de mí. Sospecho que el viento no sólo seca, sino que abre y extiende esos penachos que han estado oprimidos o contraídos por la nieve o el hielo.

Esos rastros tan curiosos que vi hace algún tiempo, y que aún veo, en la nieve a medio derretir, a menudo congelados junto a las lagunas de Andromeda, creo que son de topo, y que las «muescas» son de haber escarbado para apartar la nieve con sus zarpitas. Se trata de un rastro muy peculiar, un canal ancho abierto en la nieve medio derretida y, al final, en el hielo.

26 DE FEBRERO DE 1840

Los acontecimientos más importantes no causan ningún revuelo la primera vez que tienen lugar, como tampoco sus efectos directos. Parecen estar envueltos en secretos. Lo que hace ruido son las colisiones o una rápida estampida de aire para llenar un vacío. Los grandes acontecimientos a los que todas las cosas consiente, y para las que han preparado el camino, no producen explosiones, pues son graduales y no crean vacíos que deban llenarse. De la misma manera un nacimiento tiene lugar en silencio y se cuenta entre susurros en el vecindario, pero un asesinato, que va en contra del orden natural de las cosas, crea un tumulto de forma inmediata.

Mis espinas o mis dulzuras son una cualidad tanto de tu mano como de mí mismo. No puedo decirte lo que soy, más allá de un rayo de sol. Lo que soy lo soy, y no lo digo. Ser es la mejor forma de explicarse. En el intento de ofrecer una explicación, ¿he de cepillar todos los pinchos hasta que ya no sea un cardo, sino un tallo de maíz?

Si mi mundo no es satisfactorio sin ti, amigo mío, esperaré a que lo sea y luego te llamaré. Has de venir a un palacio, no a un hospicio.

Para ser grandes, nos limitamos a hacer como si fuéramos altos, más largos que anchos, nos estiramos y nos ponemos de puntillas. Pero la grandeza está bien proporcionada, carece de tensiones y se apoya en las plantas de los pies.

En la composición echo de menos la tonalidad de la mente, como si pudiéramos contentarnos con los rocíos de la mañana y la noche sin sus colores, o con el firmamento sin su celeste. Este buen libro contribuye a que el sol brille en mi cuarto. Los rayos caen sobre la página como para explicarla e ilustrarla. Yo, que he estado enfermo, oigo el ganado abajo, en la calle, con un oído tan sano que vaticina mi curación. Estos sonidos me toman el pulso por algún motivo. Una cierta fragancia que alcanza a todos mis sentidos proclama que sigo siendo hijo de la naturaleza. La trilla en aquel granero y el golpeteo en el yunque vienen conmigo desde la misma orilla de la Estigia. Si fuera médico, trataría así a mis pacientes: los llevaría hasta una ventana y dejaría que la naturaleza les tomara el pulso. Enseguida se sabrá si su existencia sensorial está sana. Estos sonidos no son para mí sino el palpitar de algún pulso. La naturaleza parece haberme dado estas horas para que husmee en sus cajones privados. Observo la transpiración insensible subir desde mi abrigo o la mano en la pared. Voy a tomarme el pulso en todos los recovecos de la casa, y así veo si soy capaz de llevar a ellos comodidad y una vida sencilla.

## 26 DE FEBRERO DE 1852

Hoy se nos dice que la civilización está haciendo rápidos avances; la tendencia es siempre ascendente, parece que se imparte una justicia sustancial incluso desde los tribunales humanos. Podemos confiar en las buenas intenciones de la humanidad. Mañana leeremos en la prensa que Francia está a punto de entrar en guerra con Inglaterra, para darle trabajo a su ejército. Y que esta guerra rusa es sin duda popular. ¿Cuál es la influencia de los hombres de principios? ¿O cuál es su número? ¿Cuántos maestros de la moral tiene la sociedad? Por supuesto, cuantos tenga se opondrán a ella. Pero ¿cuántos se opondrán a ella? ¿A cuántos he oído hablar con voz de advertencia? El nivel de moralidad del predicador no es más elevado que el de su público. Estudia para conciliar a sus oyentes, nunca para ofenderlos. ¿La guerra inminente entre Francia e Inglaterra demuestra acaso más raciocinio que una guerra entre dos tribus salvajes, los iroqueses y los hurones? ¿Se fundamenta acaso en un motivo mejor?

26 DE FEBRERO DE 1855

Justo delante de la colina de Clamshell, en un radio de cuatro varas, allí donde el agua tiene una profundidad de tres o cuatro pies, veo el lugar en el que la rata almizclera estuvo zambulléndose en busca de almejas antes de la última helada. Hay conchas abiertas desperdigadas junto al borde del hielo, cerca unas de otras, en un área de unas tres varas, y el fondo (debajo del borde del hielo más antiguo, visible a través del hielo nuevo, negro) está completamente blanco por mor de las que se han hundido. Quizá las arrastrara hasta allí el viento, o tal vez se derritiera el hielo. El nácar de estas conchas recién abiertas es muy claro, celeste o, si no, de un delicado rosa salmón, o rosáceo, o violeta. Encuentro una sin abrir, pero congelada, y algunas tienen una valva partida en dos, por el violento forcejeo de la rata para abrirlas, con lo que el molusco, también congelado, ha quedado medio al descubierto. Todas las demás tienen marcas de dientes de una punta o la otra. También se ven con claridad las marcas de los dientes allí donde han raspado para arrancar el fuerte músculo que sujeta el molusco a la concha, y en algunos casos a lo largo del nácar que hay junto al borde. Estas conchas forman una gruesa capa en torno a todos los circulitos de hielo negro, más fino, que se abren en medio del blanco, lo que indica dónde hubo aguas abiertas hace uno o dos días. Al principio y al final del invierno, cuando el río está parcialmente abierto, el hielo le sirve así de banqueta a la rata almizclera. Parece ser, pues, que éste sigue siendo un buen lugar para buscar almejas, tal y como era en tiempos de los indios.

## 26 de febrero de 1857

¡Maldita tierra, impropia a mi juicio para la vida del hombre, en la que los animales salvajes son monos!

## 27 de febrero de 1841

La vida es tan hermosa en este momento como un mar de verano, como una ciudad persa o unos jardines colgantes en la distancia, tan bañada en luz, tan intacta, surcada únicamente por pensamientos limpios. Vuelan todas sus banderas y ondean las borlas, y las cortinas aletean al modo de un pabellón. Los cielos penden sobre ella como colgaduras bajas y parecen ondularse con la brisa. A través de esta hora pura y sin enjugar, como a través de un cristal, miro hacia el futuro como una pradera lisa en la que mi virtud se solaza. Desde lejos, éste se ve tan agradable como la luz del sol en muros y ciudades, sobre los que la vida se mueve, al pasar, con la delicadeza de una sombra. Veo el discurrir de mi vida, como un camino en desuso, extenderse sin trabas hacia un laberinto campestre. Voy ataviado para ese futuro, igual que la puesta de sol presupone a todos los hombres ociosos y en actitud contemplativa, y agradezco que se presente de este modo, virgen y difuso. Todavía se eleva sobre mi vida. Mis actos futuros se levantan en mi interior y se mueven con grandeza hacia la consumación, igual que los barcos descienden el Támesis. Siento en mí un avance constante tan calmo como ése, o como una inmensa nube de nieve cuya sombra se ve primero atravesando los campos. El material indefinido de todas las cosas es lo que conforma mi mar.

Estas palabras diversas no carecen de significados diversos. La voz conjunta de la raza crea mejores distinciones que cualquier individuo. Existen las palabras «distracción» y «entretenimiento». Cuesta más entretener que distraer. Debemos estar entregados a nuestros entretenimientos, pero sólo vueltos hacia nuestras distracciones. No tenemos voluntad sobre las primeras, pero vigilamos los segundos. Nos distraemos más a menudo en la calle, pero nos entretenemos en nuestros cuartos. Nos distraemos de nuestros compromisos, pero nos entretenemos cuando estamos apáticos. Podemos distraernos de un entretenimiento y entretenernos con una distracción. Suele ocurrir que una distracción se convierte en nuestro entretenimiento y un entretenimiento en nuestra profesión.

De entre dos hombres, uno que no sabe nada acerca de un tema y, cosa que resulta extremadamente rara, sabe que no sabe nada, y otro que sí sabe algo de ese tema, pero cree que lo sabe todo, ¿tan enorme ventaja tiene el segundo sobre el primero? ¿Con cuál es mejor tratar? No creo que el saber equivalga a algo más preciso que una sorpresa grande y nueva ante una revelación repentina de la insuficiencia de todo lo que antes habíamos llamado saber, una percepción indefinida de la grandeza y la gloria del universo. Es el sol que ilumina la neblina. Pero no se puede decir que el hombre sea capaz de saber, al menos en el sentido más elevado del término, en la misma medida en que no es capaz de mirar al sol de frente con calma e impunidad.

Cuánta determinación muestra un hombre, cuando adquiere un objeto, por fijar su posesión y hacerse con él, cuántos improperios profiere y cuán larga, en el proceso jurídico, es la cadena de sinónimos o términos similares que indican la propiedad. Lo que es mío es de mi propiedad. Una vieja escritura de una pequeña parcela de terreno cenagoso, que medí hace poco a riesgo de enlodarme más allá de lo reversible, dice que «el citado Spaulding, sus herederos y beneficiarios, deben y pueden a partir de este momento, y en todo momento a partir de ahora, en virtud del presente, de manera legítima, pacífica y tranquila, tener, conservar, usar, ocupar, poseer y disfrutar la citada ciénaga», etc.

Lo que sigue afecta al hielo flotante que ha subido desde el fondo de las praderas. Robert Hunt afirma: «El agua transmite el calor hacia abajo con enorme lentitud. Dada una masa de hielo que se encuentre a pocas pulgadas por debajo del agua de la superficie, si sobre ella ardiera éter o cualquier otra sustancia inflamable, seguirá sin disolverse. Si hubiera hielo flotando bajo la superficie, el sol estival apenas tendría fuerza para derretirlo, y, así, nuestros lagos y mares se convertirían de manera gradual en masas sólidas».

La naturaleza y el hombre: algunos prefieren la una, otros al otro. Pero es cuestión de *gustibus*. No tiene importancia de qué pozo se beba, siempre que sea un manantial.

Paseando por el bosque, puede que alguna tarde, la sombra de las alas de un pensamiento revolotea por el paisaje de mi mente y me recuerda lo poco ajetreadas que son nuestras vidas. ¿Qué ha sido de todas aquellas guerras y rumores de guerras, y de los llamados descubrimientos y progresos modernos? Una mera irritación de la piel. Pero esta sombra que tan pronto ha pasado, y cuya sustancia no se detecta, sugiere que hay acontecimientos de importancia cuyo intervalo es, para nosotros, un verdadero periodo histórico.

El orador acostumbra a describir el siglo XIX, al estadounidense de la última generación, en un tono improvisado y triunfal, llevándolo por los aires hasta el Paraíso, proclamando su fama a través del vapor y el telégrafo, contando el número de tapones de madera que ha tallado. Pero no se da cuenta de que el suyo no es un relato sincero ni pertinente de la vida de un hombre o un país. Es el «¡hip, hip, hurra!» y la adulación mutua al estilo de la sociedad. ¡Avanzan los coches y conocemos su sustancia tan bien como su sombra! Se detienen y nos montamos en ellos. Pero esos pensamientos sublimes, que pasan por las alturas, no se detienen, y nunca nos montamos en ellos. Su conductor no es uno de nosotros.

Creo que el hombre que, en su conversación conmigo acerca de la vida en Nueva Inglaterra, pone demasiado énfasis en los ferrocarriles, los telégrafos y otras empresas similares no ahonda bajo la superficie de las cosas. En uno de los avatares de la mente, en el intervalo que separa el sueño de la vigilia, en uno de los intersticios de una dinastía hindú, quizá, cosas tales como el siglo xix, con todos sus progresos, puedan ir y venir de nuevo. Nada deja una huella profunda y duradera salvo lo que pesa. Aquel que vive de acuerdo con la ley más elevada es, en cierto sentido, ilegal. Resulta desde luego desafortunado descubrir una ley que nos ata allí donde no sabíamos que estábamos atados. Vivid libres, hijos de la neblina. Aquel para quien está hecha la ley, que no obedece a la ley, pero a quien la ley obedece, se recuesta sobre almohadones de plumón y lo llevan en volandas cuando y adonde le plazca, pues el hombre es superior a todas las leyes, tanto las del cielo como las de la tierra, cuando obtiene su libertad.

El tramo principal del río no está aún abierto, salvo en contadísimos lugares, pero el brazo norte, que es mucho más rápido, está despejado cerca de las tierras de Tarbell y Harrington, adonde he ido hoy de paseo. Sube por él la corriente y el hielo flanquea ambas orillas, centellea en el aire limpio y fresco, un destello plateado como de un arroyo que no ensuciaría el cielo. Hemos olvidado casi por completo el verano. Este riachuelo incesante y ahora crecido ha roto sus gélidos grilletes y, cuando me detengo a observarlo hacia el oeste, hasta una distancia de media milla, donde serpentea ligeramente bajo un ribazo, su superficie se ilumina aquí y allá con un fino destello plateado que confiere al río un carácter celestial, en lugar de terrenal, semejable tal vez al brillo que bordea el escudo de Aquiles según Homero. Si los ríos escapan de su prisión así de radiantes e inmortales, ¿acaso no habría yo de reanudar mi vida primaveral con alegría y esperanza? ¿No tengo la ilusión de brillar en la superficie de la corriente de la vida? Merece la pena hacer que nuestra fe reviva viendo las crecidas y remolinos de un río en torno a una roca medio enterrada.

27 DE FEBRERO DE 1853

Hace una o dos semanas, me traje a casa una hermosa piña de pino bronco, recién caída del árbol y totalmente prieta.

Acabó metida en un cajón de la mesa. Hoy recibo la agradable sorpresa de ver que se ha secado y abierto con una regularidad perfecta, y que colma el cajón; lo que antes era una piña maciza, puntiaguda y afilada, se ha convertido en una piña ancha, redondeada y abierta: de hecho, se ha expandido hasta ser una flor cónica de pétalos rígidos, y ha soltado una notable cantidad de delicadas semillas aladas. Cada escama, de forma perfecta y muy elaborada, viene armada con una espina corta que apunta hacia abajo, como para proteger sus semillas de ardillas y pájaros. Esa piña dura y cerrada, que se resistía a todos los intentos violentos de resquebrajarla y sólo podía abrirse cortándola, ha cedido así a la suave persuasión del calor y la sequedad. La expansión de las piñas de pino, también, es una estación.

27 DE FEBRERO DE 1854

Ayer me di cuenta de la rapidez con la que el agua que corría sobre la tierra helada buscaba su nivel. Toda esa lluvia apenas habría formado un charco en pleno verano, pero ahora forma una avenida y quizá se separe del río.

27 DE FEBRERO DE 1856

Los periódicos hablan de la posibilidad de una guerra entre Inglaterra y Estados Unidos. Ninguno de los bandos ve la manera de que su país pueda evitar un conflicto largo y fratricida sin sacrificar su honor. Los dos países están dispuestos a dar un paso a la desesperada, a olvidar los intereses de la civilización y la cristiandad, junto a la prosperidad comercial, y a lanzarse a la yugular del otro. Cuando veo a alguien tan fuera de sí, tan desesperado, listo para disparar o recibir un disparo como un fullero, que piensa que tiene poco que perder y ningún fin pacífico que cumplir, deduzco que esa persona es candidata para el frenopático. ¿Existe algún manicomio para países?

Así, las naciones están dispuestas a hablar de guerras y a retarse unas a otras porque se componen, hasta tal punto, de hombres mediocres, bajos de ánimo, desesperados, a cuyos ojos la posibilidad de disparar a otra persona, sin recibir a su vez un disparo, es mejor que su buena suerte actual. ¿Quiénes, de hecho, serán los primeros en alistarse, sino los de la clase más atormentada, los que han perdido toda esperanza? Y éstos, al final, pueden contagiar al resto. ¿No se considerará la guerra, dentro de un tiempo, algo indigno, igual que los duelos entre personas?

27 DE FEBRERO DE 1857

Antes de que abriera la ventana en esta fría mañana, oí el pío de un petirrojo, ese sonido que suele escucharse en días desapacibles o lluviosos y que se siente muy a menudo traído por el viento cortante de marzo o a través del granizo o la lluvia, como si su llegada fuera prematura.

## 27 DE FEBRERO DE 1858

Se han podado todos los setos de la colina. Los periódicos no paran de hablar sobre los avances de la agricultura. Pero yo, en lugar de una de estas granjas retocadas, una granja modélica, preferiría ver una mantequera rústica y a un hombre dándole vueltas. No es más que un lugar con el que alguien gana dinero.

Veo un escribano nival, aunque hoy el día está agradable y templado.

## 27 DE FEBRERO DE 1859

POR LA TARDE. A los riscos. Aunque ayer cayó una ventisca de fina nieve seca, el sol está ahora tan alto que esta tarde la nieve se ha vuelto blanda y viscosa. Resulta agradable mirar el cielo, al igual que sentir el aire en la mejilla. La salud o la simpatía por la naturaleza despierta en el poeta un buen apetito por su alimento, que sin cesar lo renueva y afila sus sentidos. Pagad pues vuestras provisiones con poesía, ofreced vida a cambio de la vida.

## 27 DE FEBRERO DE 1860

A LAS DOS DE LA TARDE. A la colina de Abner Buttrick. Voy descendiendo junto al río, por debajo de lo de Flint, en el lado norte. La repentina aparición del agua azul oscura en la superficie de la tierra me resulta emocionante. Ahora debo pasear por donde vea más agua, al ser la parte más viva de la naturaleza. Ésta es la sangre de la tierra, y ahora vemos palpitar la nueva vida en sus arterias celestes. Desde muy por encima de las praderas veo blancas masas de hielo que se deslizan veloces corriente abajo, un espectáculo novedoso. Bajo este sol primaveral, son más blancas que nunca.

La abundancia de luz, reflejada por las nubes y la nieve, es más primaveral que cualquier otra cosa que haya visto últimamente. Llevaba un rato observando a lo lejos, en mitad de los extensos prados, algo de un blanco centelleante que, por supuesto, tomé por una plaquita de hielo tocando a su fin. Pero ahora que he subido a la colina de pinos broncos y puedo divisar todo el prado, veo que es el pecho níveo de un porrón pequeño que va, quizá, con su compañera, de color más oscuro. Se han posado con cautela en el centro mismo del prado, donde el viento ha formado un espacio de uno o dos acres de agua clara. El prado es de color azul celeste y azul oscuro: el primero se debe al hielo fino y el segundo a las zonas de agua abierta que ha creado el viento; pero, sea como sea, aún es hielo. Así, en cuanto el río se abre o empieza a abrirse de forma significativa, y el viento fuerte, al ensanchar las grietas, forma al final espacios limpios en el hielo del prado, esta robusta ave hace su aparición y se la ve nadar en la primera grieta ensanchada del hielo por la que pueda llegar al agua. De modo que es el pecho del porrón lo que refleja la luz de tal modo que parece mayor de lo que es, al nadar siempre en esa dirección y con su compañera, que de tanto en tanto se zambulle. Han elegido la abertura más alejada de todas las orillas. Al observarlos, veo que el hielo se mueve hacia ellos y reduce el agua, hasta que no les quedan más que unas cuantas varas cuadradas, mientras que alrededor hay cuarenta o cincuenta acres. Es la primera ave de la primavera que he visto u oído.

## 28 DE FEBRERO DE 1841

En la escritura, nada se debe a la buena suerte; no hay cabida en ella para los trucos. Lo mejor que podáis escribir será lo mejor que seáis. Cada frase es el resultado de un largo periodo de prueba. El carácter del autor se lee desde la primera portadilla hasta la última línea. Y no se puede corregir en las galeradas. Lo leemos como la esencia de un texto manuscrito sin fijarnos en las florituras. Y lo mismo ocurre en el resto de nuestras acciones. Discurre tan derecho como una línea recta a través de todas ellas, sin importar cuántas cabriolas se hagan. Nuestra vida entera está gravada por la mínima cosa bien hecha. Es su resultado neto. La forma en que comemos, bebemos, dormimos y usamos nuestras horas sueltas hoy, en estos días indistintos, sin ojos para observar ni ocasión que nos emocione, determina nuestra autoridad y capacidad para el tiempo venidero.

## 28 DE FEBRERO DE 1852

Hoy la nieve vuelve a caer y cubre la tierra. Para apreciar el valor de la tormenta, debemos pasar largo rato fuera y adentrarnos mucho en ella, de forma que pueda atravesar bien nuestra piel y nos volvamos, por así decirlo, de dentro afuera hacia ella, y no haya parte alguna en nosotros que no esté empapada ni curtida, y así nos convirtamos en hombres de la tormenta, en lugar de ser hombres del buen tiempo. Algunos hombres relatan la ocasión en que se calaron hasta los huesos como un acontecimiento memorable en su vida al cual, a pesar de los agoreros, sobrevivieron.

## 28 DE FEBRERO DE 1855

He visto cómo se formaba un nuevo barranco en aquel último deshielo en la colina de Clamshell. Una gran cantidad de nieve derretida y lluvia se había acumulado en la cima; parte de ella, al parecer, se abrió paso a través de la tierra helada hasta un pie de profundidad, a escasos pies del borde de la orilla, y empezó a llevarse por la ladera la arena con un arroyuelo sin congelar que había debajo. El agua ha seguido fluyendo y arrastrando consigo la arena de ambos lados, que no paraba de caer, con lo que encima quedó una corteza helada muy firme y se formó un puente de cinco o seis pies de ancho sobre esta caverna. Ahora veo que, desde que se produjo el deshielo, este puente se ha derretido y caído y ha formado un barranco de unos diez pies de ancho y muchos más de largo, que podría ir creciendo de un año a otro sin límite. Yo estuve allí justo después de que empezara.

## 28 DE FEBRERO DE 1856

Qué sencilla es la maquinaria de un aserradero. M. ha represado un arroyo, levantado un estanque o columna de agua y colocado una vieja rueda de molino horizontal de forma que reciba un chorro en sus cangilones. El movimiento se transfiere a un eje horizontal con una sierra, mediante unas pocas ruedas dentadas y un engranaje sencillo. Después, se pone un techo de tablones que lo cubra todo, en la salida del estanque, y ya tienes tu aserradero. Una masa de agua almacenada en un prado inundado, aplicada para mover una sierra, que se abre camino a través de los árboles colocados por delante de ella: así de sencillo.

## 28 DE FEBRERO DE 1857

Es un encaprichamiento singular el que lleva a los hombres a hacerse clérigos en comunión regular o incluso irregular. Rezo por que se me presente a hombres nuevos junto a quienes pueda detenerme y probar su peculiar dulzura. Pero en el clérigo del tipo más liberal no percibo ningún núcleo humano totalmente independiente, sino que me parece ver planear un cierto plan indistinto al que se ha prestado, al que pertenece. Es una tela de araña finísima en el estrato inferior del aire, que los vientos más fuertes no alcanzan siquiera a descubrir. Diga lo que diga, no sabe que un día es igual de bueno que otro. Diga lo que diga, no sabe que el credo de un hombre no puede escribirse nunca, que no hay expresiones concretas de veneración que merezcan sobresalir. Sueña con una cierta esfera que él ha de llenar, algo menor en cuanto a su diámetro que un gran círculo, quizá no más grande que un tonel. Todas las duelas se han sacado y su esfera ya tiene los flejes. ¿De qué sirve hablar con él? Cuando le hablaste de la música universal, pensó sólo en dar golpecitos en su barril. Si no sabe algo que nadie más sabe, que nadie le ha contado, es un charlatán.

28 DE FEBRERO DE 1860

Hoy he adelantado por la calle a un chiquillo que llevaba puesto un gorro de piel de marmota, de confección casera, que su padre o hermano mayor habían cazado y curtido, y su madre o hermana mayor habían convertido en un gorro precioso y calentito. Al verlo, se me despertó la curiosidad: sugería mucha historia familiar, aventuras con la marmota, la anécdota que se cuenta al respecto, sin exagerar, de los padres sobre el cuidado de sus hijos en estos tiempos difíciles. A Johnny le habían prometido un gorro muchas veces y la promesa por fin se ha cumplido. Un idilio perfecto, como dicen. El gorro era grande y redondo, lo bastante grande, diríase, para servirle al padre del chico, y tenía cosida una especie de visera de tela. La parte superior era, sin lugar a dudas, el lomo de la marmota, extendido a lo ancho y contraído a lo largo, y era tan nueva y bonita como si la propia marmota la llevara puesta. Se habían conservado los preciosos pelos con punta gris, que destacaban sobre los marrones, sólo un poco más desperdigados que en la vida real. Como si hubiera metido la cabeza en la panza de una marmota, tras cortarle la cola y las patas, y cambiado la cabeza del animal por una visera. El jovencito lo llevaba con gran inocencia, inconsciente de lo que en realidad tenía, enfrascado con un tamborileo en sus pequeños asuntos, y, cuando le hice una observación sobre la calidez del gorro, sus ojos negros brillaron como si fueran los del propio animal. Tal habría de ser la historia de toda prenda de ropa que vestimos.

De pie junto al muro de Eagle Field, oí un delicado golpeteo procedente de unas hierbas secas que tenía cerca del codo. Era el viento, que sacudía las semillitas de las vainas del añil, aún cerradas, un soniquete característico que atrajo mi atención, como una de esas calabazas pequeñas de los indios. No era sólo un crujido de semillas secas, sino el agitarse de un sonajero o de cien sonajeros.

Igual que es importante considerar la naturaleza desde el punto de vista de la ciencia, recordando la nomenclatura y los sistemas de los hombres, y así, si es posible, avanzar un paso en esa dirección, también es importante, a menudo, ignorar u olvidar todo lo que los hombres suponen que saben, y adoptar una perspectiva original y sin prejuicios ante la naturaleza, permitirle que cause en nosotros la impresión que desee, como hacen los primeros hombres, todos los niños y los hombres salvajes. Pues lo que llamamos nuestra ciencia es siempre más estéril y está más trufada de errores que nuestras simpatías.

Recorriendo Boston Road, veo a un irlandés que trae rodando desde lejos un tronco de pino enorme, húmedo y podrido, en dirección a su casa, con la intención de usarlo como combustible. El esfuerzo le hace sudar y se para a descansar muchas veces. Quizá se ha dado cuenta de que su pila de leña se ha acabado antes que el invierno, y tiene la esperanza de hacer frente así al frío que aún queda. Lo veo descargarlo en su patio delante de mí y luego descansar. Las pilas de madera maciza de roble de otros patios no me interesan nada, pero este tronco parecía combustible. Me entibió pensar en él. El hombre procederá enseguida a partirlo en trozos pequeños, y me temo que hará falta más o menos el mismo calor para secarlo que el que acabará produciendo. Qué extraña manera de emocionarnos tienen las cosas sencillas que vemos en la calle. Lidiamos con bancos y otras instituciones en los que la vida y la humanidad se ocultan, si es que existen. A mí me gusta, al menos, ver las enormes vigas medio expuestas en el techo o el rincón.

## 28 DE FEBRERO DE 1861

POR LA TARDE. Camino por Boston Road, a los pies de la colina. El aire está lleno de azulejos, igual que ayer. La acera está desnuda y casi seca en todo el tramo bajo la colina. Giro en la verja que hay a este lado de la granja de Moore y me siento en una de las piedras amarillentas que han rodado por los terrenos de una excavación para examinar las hojas radicales, etc., etc. Allí donde los bordes de las orillas han cedido, veo las finas raíces fibrosas de la hierba, que el invierno ha dejado desnudas, hundirse en vertical dos pies (y desconozco cuánto más hacia el interior de la tierra), una masa bastante densa y grisácea.

## 29 DE FEBRERO DE 1840

Un amigo aconseja con todo su comportamiento y nunca se rebaja a los pormenores. Otro cura una falta con una reprimenda; con su amor. Aunque ve el error del otro, es consciente de él en silencio, ama la propia verdad todavía más y ayuda a su amigo a amarla hasta que la falta se expulsa y se extingue poco a poco.

## 29 DE FEBRERO DE 1852

La sencillez es la ley de la naturaleza tanto para los hombres como para las flores. Cuando la tapicería (la corola) del lecho nupcial (el cáliz) es excesiva, exuberante, resulta improductiva. Linneo dice: «Entre las flores exuberantes ninguna hay natural, sino que todas son monstruos», y por lo tanto están, en su mayor parte, malogradas. También escribe que, cuando son prolíferas, «aumentan la deformidad de las monstruosas». «Luxurians flos tegmenta fructificationis ita multiplicat ut essentiales equidem partes destruantur». «Oritur luxurians flos plerumque ab alimento luxuriante». Una flor así no tiene una verdadera progenie, y sólo puede reproducirse mediante el humilde método de esquejes cortados de su tallo o raíces.

«Anthophilorum et hortulanorum deliciae sunt flores pleni», no de la naturaleza. Las flores fértiles son sencillas, no dobles.

POR LA TARDE. A la colina de Pine, al otro lado de Walden. El fuerte viento se lleva las hojas de los robles. Las veo subir en desbandada por las pendientes del Deep Cut, tumultuosas como una muchedumbre de ardillas. Durante el mes pasado ha habido más espacio para maniobrar durante el día, sin tanto peligro de quedarse varado en uno de esos dos promontorios que vuelven tan ardua la navegación en un día invernal, la mañana o la tarde. Es un paso estrecho y hay que cruzarlo con la marea. ¿Quizá algunas de mis páginas podrían llamarse «los cortos días del invierno»?

*El gran
invierno* es el trigésimo
cuarto libro de la colección Libros salvajes. Compuesto en tipos Dante, se terminó de
imprimir en los talleres de KADMOS por cuenta de ERRATA
NATURAE EDITORES en noviembre de 2021, más o menos diecisiete siglos después de la muerte de Rufo Festo Avieno, poeta latino
al que este editor conoce únicamente por ser el primero en utilizar la
palabra *borealis* (lo que llega desde el norte o que al norte pertenece) y de
cuya vida sólo ha podido saber por una inscripción conservada en una es-
tela de mármol en las galerías del Museo Vaticano que, una vez traducida,
diría algo así como: «Festo, descendiente de Musonio y prole de Avieno,
de donde las aguas arrastraron su nombre, habitante de Roma, acrecen-
tado dos veces con el honor del oficio de procónsul, autor de muchos
versos, puro de vida, íntegro de salud, feliz siempre en su unión
conyugal con Plácida y exultante por el amplio número de
sus hijos, ¡que impetuoso perdure su espíritu en ellos!,
pues todo lo demás dependerá del azar y de la
ley indescifrable de los
hados».